Connie Palmen

Die Gesetze

Roman

Aus dem Niederländischen
von Barbara Heller

Diogenes

Titel der 1991 bei Prometheus in Amsterdam
erschienenen Originalausgabe: ›De Wetten‹

Der Verlag dankt dem Nederlands
Literair Produktieen Vertalingenfonds
für die Übersetzungsförderung
Umschlagillustration: ›Die Beziehung
der Planeten zu den Tierkreiszeichen‹
Illustration einer französischen Handschrift
des 15. Jahrhunderts (Ausschnitt)
Bibliothèque nationale, Paris.

300/93/8/1
ISBN 3 257 01976 9

Wenn ich falle, werde ich
weinen ... vor Glück

Samuel Beckett

Inhalt

I

Der Astrologe

Den Astrologen lernte ich im Sommer 1980 kennen. Es war an einem Freitag, dem dreizehnten. Ich merke sowas immer erst hinterher. Ein Freitag der dreizehnte kann verstreichen wie jeder andere Tag, aber wenn eins zum andern kommt und die Ereignisse sich häufen, scheinen Name und Zahl doch eine geheime Verbindung zu haben, und nur unsere eigene Überheblichkeit läßt uns die Fingerzeige des Schicksals in den Wind schlagen.

Seit Beginn meines Studiums arbeitete ich jeden Freitagnachmittag in einem modernen Antiquariat im Stadtteil De Pijp. Dort war wenig Betrieb, und ich konnte in Ruhe ein Buch lesen oder die Zeitungen durchblättern. Zeitungen lese ich nie, ich blättere nur darin herum. Für wirkliche Nachrichten genügen die Schlagzeilen, die Vorgeschichte dazu ist immer schon altbekannt.

Meist schrieb ich Briefe an alte Bekannte. So wie jetzt.

Es war ein warmer Tag. Der Zeitungsständer war draußen, die Tür stand offen. Jemand war lautlos eingetreten, ein kleiner, gedrungener Mann mit Vollbart und einer Halbbrille. Es ärgerte mich, daß ich nicht wußte, wie lange er schon so dastand und mich mit schiefgelegtem Kopf anstarrte, den Blick forschend über den Rand seiner Brille gerichtet, wobei das Weiß im Augapfel immer so unangenehm hervortritt.

Soviel Weiß im Augapfel anderer Leute kann ich nicht haben.

Am Ausmaß meines Ärgers merkte ich zum ersten Mal an diesem Tag, daß ich schlecht gelaunt war und lieber niemanden sehen wollte. Ruhe, Zähne aufeinander, Schweigen.

Ich grüßte freundlich und beugte mich wieder über meinen Brief. Der Satz »Starr mich nicht so an, du Hornochse!« durfte in meinem Kopf auf keinen Fall zur monotonen Litanei ausarten. Wenn ich ihn immer wiederholte, schnitt ich mir nur ins eigene Fleisch, denn ich kann mich in große Emotionen hineinsteigern, ohne daß ein anderer es überhaupt merkt.

Ich las die letzten Sätze in meinem Brief und schrieb ohne Absatz dazu:

»Jetzt steht plötzlich ein Hornochse im Laden. Du kennst mich, Du weißt, daß ich mit Tieren nicht umgehen kann. Was soll ich mit einem Ochsen?«

Das half.

Er ging im Laden umher, mit einem merkwürdigen, fast schlurfenden Gang. Wenn man länger in einem Geschäft arbeitet, lernt man Leute unbemerkt beobachten. Man behält sie wie einen Schatten im Augenwinkel und registriert sehr schnell jede abweichende Bewegung.

Klauen wäre allerdings das Letzte, was ich ihm zugetraut hätte. Sein ganzer zögernder, schiefer Gang war viel eher der eines scheuen Tieres als der eines Menschen, der seinen Mut zusammennimmt, um zuzugreifen. Die Bücher sah er sich kaum an. Wenn er vor einem Regal oder einem Tisch stehenblieb, spürte ich, daß er nachdenklich prüfend zu mir hersah, als fragte er sich, wo er mich schon einmal gesehen hätte.

Mein Gedächtnis für Gesichter ist ausgezeichnet. Ich hatte ihn noch nie gesehen.

Sobald man irgendwo Gefahr wittert, schaut man dem Feind am besten direkt ins Auge. Wendet man den Blick von etwas, das einen ängstigt, ab, wächst die Angst ins Unermeßliche und dauert auch viel länger als nötig. Aber man macht es von Natur aus so. Es ist wie beim Motorradfahren. Als Sozius neigt man dazu, den Oberkörper in der Kurve aufzurichten und möglichst weit vom Asphalt weg zu stemmen. Dabei sollte man gerade mitgehen, sich in die Kurve legen, bis die Nase fast über die Fahrbahn fegt. Was einen ängstigt, muß man tun, es ist das sicherste.

Ich schaute auf, geradewegs in sein Gesicht, und fragte, ob ich ihm behilflich sein könne. Die Frage brachte ihn ganz aus der Fassung. Unerwartet viel Bewegung kam in seinen Körper, und er schüttelte heftig den Kopf.

»Nein, nein«, sagte er, als schnappe er nach Luft.

So viel Verlegenheit ist unerträglich; ich lächelte ihm kurz zu, damit er sich wieder beruhigte. Nur keine Aufregung, kusch, sitz, mein Freund!

Nervöse Menschen können plötzlich sehr aggressiv werden.

Ich wollte meinen Brief weiterschreiben.

»Na ja, vielleicht doch«, stammelte er. Er habe vor ein paar Wochen hier in der Gegend in irgendeiner Buchhandlung, er glaube in dieser, wisse es aber nicht mehr genau, jedenfalls irgendwo in De Pijp, ein Buch über Van Gogh in der Auslage gesehen, und nach diesem Buch sei er jetzt auf der Suche. Nicht etwa, weil er Van Gogh besonders schätze, im Gegenteil, er wolle das Buch lesen, weil er selbst nicht verstehe, was er eigentlich gegen Van Gogh habe.

Er sprach schnell, aber sehr leise. Es war ein atemloses Murmeln, mit einem Akzent, den ich nicht einordnen konnte. Aber das kann ich fast nie.

»Falls wir es haben, steht es dort«, sagte ich und wies auf das Regal links von dem Tisch, an dem ich saß.

»Aha«, sagte er und schaute gutwillig in die angegebene Richtung. Dann warf er mir noch ein paar fragende Blicke zu und blieb unschlüssig stehen.

Was wollte er? Seine Geschichte hatte merkwürdig geklungen, aber schließlich kann man mit jedem x-beliebigen stundenlang über das Für und Wider von Van Gogh diskutieren, und dazu hatte ich keine Lust.

Mit gekrümmtem Rücken ging er an meinem Tisch vorbei. Ein trockener Geruch streifte mich. Er stand jetzt einen Meter von mir entfernt, das Gesicht dem Regal mit den Kunstbänden zugewandt.

»Schütze-Skorpion«, sagte er.

Stimmt.

Er war daran gewöhnt. Auf den ersten Blick stieß er auf eine Mauer des Widerstands, als sei etwas mit ihm nicht in Ordnung, etwas Komisches, nein, schlimmer, etwas Abstoßendes. Er war schließlich nicht blind. Er sah es genau. Er sah es an ihren Augen, ihren Gesichtszügen, den Muskeln um den Mund – alles war Ablehnung. Kaum sagte er den Leuten ihr Sternzeichen, veränderte sich ihre ganze

Haltung. Es mußte schon sehr seltsam zugehen, wenn jetzt nicht etwas in ihren Augen aufleuchtete und ein Hauch brennender Neugier die wache Härte des ersten Blicks verscheuchte.

Getroffen. Der Astrologe las die Bereitwilligkeit in meinem Gesicht, ließ den letzten Rest vorgetäuschten Kaufinteresses fahren und kam an meinen Tisch. Zugleich mit ihm erreichte mich ein kompakter Geruch, der Geruch eines verstaubten, ausgetrockneten Kadavers.

»Fünfundfünfzig?« fragte er.

Ich nickte verblüfft und stellte ihm meinerseits die Frage, woher er das alles wisse, einfach so, aus dem Nichts. Er sagte, das sei kein Wissen, es sei eine Form des Sehens – die Farbe meiner Kleidung, die mondförmige Linie meines Gesichts, und »le petit grain de folie dans tes yeux«.

»Und das da«, sagte er und deutete auf den Tisch.

»Was?«

»Das Schreiben«, erwiderte er.

Wieder ein Volltreffer! Mag kommen, was will: Ich gebe klein bei und beschließe, Zeitung, Bücher und Brief sich selbst zu überlassen. Demonstrativ schiebe ich all das Papier beiseite, um dem Fremden zu zeigen, daß ich ihm so lange zuhören werde, bis ich alles weiß über diese Art des Sehens und Beurteilens, über das, was in den Sternen steht, über etwas, wovon ich will, daß es irgendwo geschrieben steht und sich als unentrinnbar erweist: die Beziehung zwischen mir – meinetwegen auch in meiner Eigenschaft als Schütze-Skorpion – und dem Schreiben.

Er hatte eine vollgestopfte Tasche aus billigem Material über der Schulter hängen. Er stellte sie auf den Boden und holte ein dickes Buch heraus. Das war ersichtlich schon häufiger aus zerknautschten Taschen hervorgeholt und benutzt worden. Der Leinenrücken war oben und unten eingerissen, und an verschiedenen Stellen steckten Zettel zwischen den Seiten.

»Dann wollen wir uns deinen Kram mal ansehen«, sagte er, nachdem ich ihm Ort und Stunde meiner Geburt genannt hatte. Er begann mich zu amüsieren. Das fand ich hübsch gesagt: deinen Kram.

Er war in seinem Element und kompetent. Sein Gesicht hatte einen vergnügten, offenen Ausdruck angenommen, und das war auch besser so. Wenn jemand immer nur nickt, sich krümmt und duckt, geht einem binnen kürzester Zeit der Gesprächsstoff aus, und man langweilt sich so tödlich, daß es einen auch kaum noch rührt, wenn dieser Jemand beispielsweise sagt, man sei in einem früheren Leben Mata Hari persönlich gewesen, und dafür die überzeugendsten Beweise liefert.

Das Buch enthielt ausschließlich Tabellen. Er bat mich um ein Blatt Papier und einen Stift, blätterte vor und zurück, fuhr mit dem Finger die Tabellen entlang und notierte sich auf dem Papier eine Reihe von Zeichen. Ab und zu gab er mit leisem Ächzen ein »Oh, là, là« oder »Auweia« von sich und sah mich dabei verschmitzt an, als müßte ich ja wissen, worum es ging, als hätte ich ihm jahrelang eine Sünde verheimlicht, die er zu guter Letzt doch aufgespürt hatte.

Inzwischen waren ein paar Leute im Laden, und ich

mußte meine Aufmerksamkeit zwischen den Kunden und dem Mann vor mir teilen. Er hatte nur Augen für Zahlen und Zeichen, und diese Zahlen und Zeichen bedeuteten immer wieder etwas anderes, etwas, das mich betraf, etwas, das ihn stöhnen ließ, ihn überraschte, ihn Dinge sagen ließ wie: »Was für ein Horoskop!« und »Schon wieder ein Dreieck!« Seine Bemerkungen versprachen eine Geschichte über mich, die ich gleich hören würde.

»Voilà, dein kosmisches Brandmal«, sagte er schließlich und hielt mir das vollgekritzelte Blatt vor die Nase.

Dies stand darauf:

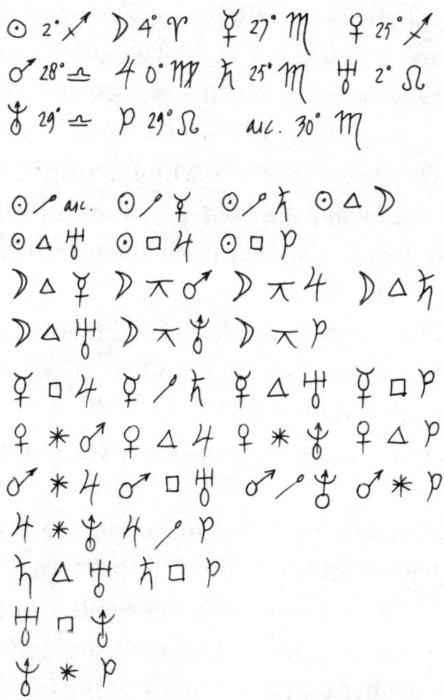

Ich konnte nicht viel damit anfangen.

Venus, Mars und den Mond erkannte ich zwar noch, aber was in aller Welt hatten sie zu bedeuten? Welche Zeichen hatten ihn zu seinen Ausrufen veranlaßt und warum? Welche Worte hatte er jetzt im Kopf, und wie kamen sie dorthin?

Auf dem Papier stand meine Geschichte, aber in einem für mich unlesbaren Code. Das ist frustrierend.

Er war im Besitz eines Textes, der meinen Bauplan enthielt, mit meinen guten und meinen schlechten Eigenschaften, der sagte, ob ich zu großen Taten ausersehen war oder besser gleich einpacken konnte und den Alptraum des banalen Lebens endgültig zum Traum machen mußte. Ich fühlte mich beraubt. Er besaß etwas, das mir gehörte, aber ich hatte keinen Zugang zu meiner eigenen Geschichte.

Enttäuscht, wenn auch vorsichtig sagte ich, für mich sei das Geheimsprache, und bat ihn, dies alles in normale Sprache zu übersetzen, damit ich selbst, bitteschön, auch lesen könne, wer ich sei.

»Oh, là, là«, sagte er wieder und lachte wie jemand, der seine Vermutungen bestätigt findet. »Du bist aber ein anspruchsvolles Mädchen.«

»Und wo steht das geschrieben?« fragte ich nach.

An eine Übersetzung in normale Sprache traute er sich nicht. Er hatte Gradzahlen und Aspekte aufgeschrieben, aber jeder Astrologe deutete die Stellung der Planeten zueinander wieder anders. Um mir entgegenzukommen, vermerkte er über und unter den Zeichen, wofür sie standen, welches der Mond war, welches die Sonne, mit welchen Symbolen die acht Planeten gekennzeichnet waren, wie die Aspekte hießen und welche Namen die zwölf Tierkreiszeichen hatten.

Von dem Augenblick an, da er das Buch mit den Tabellen in Händen hielt, hatte er sich mit ungenierter Direktheit an mich gewandt. Ich begann mich zu fragen, wer er war, wo er herkam, was er so machte, wie alt er war und was er mit diesem Van Gogh zu schaffen hatte.

Aber ich kenne mich. Bevor ich es merke, redet mein Gegenüber nur noch von sich selbst. Sonst versinke ich gern in den Geschichten anderer Leute, und es fällt mir ohnehin schwer, über mich zu reden, aber hier lag der Fall anders. Vor mir stand der Verfasser meiner eigenen Geschichte, ein Abgesandter der Götter, und ich brauchte nur noch zuzuhören. Meine Geschichte befand sich bei ihm, und ich würde sie zu hören kriegen, wenn es mir gelang, meine Neugierde auf sein Leben zu unterdrücken und auch die lächerliche Konvention zu zügeln, die sich interessiert nach dem werten Befinden erkundigt und danach, was die Sterne am Himmel oder das Leben auf Erden ihm für Brandmale aufgedrückt hatten.

Wissen, was man will, ist Macht, und Macht macht ehrlich. Es ging mir darum, meine Geschichte vor Ladenschluß auf den Tisch zu kriegen, danach würde ich weitersehen. Ich sagte ihm also, daß ich jetzt zwar »Sonne-Trigon-Mond« lesen könne, aber deswegen nicht schlauer sei als vorhin, als ich nicht einmal das entziffern konnte.

»Du bist ein philosophischer Hurenengel«, sagte er und kicherte.

Ich bot ihm jetzt einen Stuhl an und fragte, ob er Lust auf eine Tasse Kaffee habe.

»Es ist ein sehr schönes Horoskop. Es klappert, es ist schwer und auch ein bißchen bizarr, aber au fond ist es sehr harmonisch. Es ist in Ordnung. Dein Horoskop steht ganz im Zeichen von Saturn, und Saturn ist kein einfacher Planet. Aber bei dir wird alles Unangenehme durch andere Planeten aufgefangen. Wenn Saturn ein Horoskop beherrscht, dann bringt das viel Schwermut mit sich. Es ist das Zeichen der Melancholiker. Aber du bist auf ziemlich ausgelassene Art melancholisch. Bei dir entspringt die Schwermut eher aus dem Besitz von Wissen und dem Gebrauch deines Verstandes als aus dem Okkulten, wie es bei Saturnmenschen meist der Fall ist. Deine Lust sitzt im Köpfchen, im Lernen. Leidenschaft ist bei dir Leidenschaft des Geistes. Das meine ich mit dem philosophischen Hurenengel. Du schacherst mit deinem kostbarsten Gut: Für ein bißchen Wissen verkaufst du deine Seele. Je häufiger du Gelegenheit hast, dein Gehirn auf vollen Touren laufen zu lassen, desto dankbarer und glücklicher bist du. Denken entspannt dich. Saturn liebt Ordnung, und du bist erst zufrieden, wenn du alles in ein Schema oder eine Struktur gebracht hast. Und wenn bei all dem Grübeln und Ordnen nur Melancholie herauskommt, dann nimmst du das in Kauf. Alles besser, als keinen Namen für die Dinge zu haben.

Es ist höchst bizarr, aber du hast keine einzige Opposition. Ich kenne eine Menge Horoskope, aber ein Horoskop ohne Oppositionen sehe ich zum ersten Mal in meinem Leben. Vielleicht hab' ich mich ja geirrt«, sagte er und fuhr sich mit der Hand durch den Bart, »das könnte sein. Ich werde zu Hause noch einmal nachsehen. Jeder Mensch hat mindestens eine Opposition, warum also du nicht? Und dabei hast du an die zehn Trigone, auch so eine unmögliche Zahl. Zehn! Das Trigon ist das Dreieck, ein sehr harmonischer Aspekt, denn es geht dabei immer um ein Vermitteln zwischen Extremen. Du bist wirklich ein Glückspilz. Deine Sonne steht in einem schönen Trigon zu deinem Mond und deiner Venus und bildet noch ein weiteres Trigon mit Pluto. Das ist prima. Günstig auch für mich, denn so stehst du zu meinem Mars und meiner Sonne. Ob ich persönlich allerdings etwas davon habe, ist die Frage, denn bei der Venus, die du hast, bist du mit allen Männern gut Freund. Du tust ihnen wohl. Du trittst zwar auch nach ihnen mit deinen gemeinen Fischefüßen, aber hinterher leckst du ihnen die Wunden.

Du bist alles andere als eine unkomplizierte Frau. Du hast deine tödlichen Seiten. Ein Saturn im Quadrat zu Pluto macht einen Menschen ziemlich aggressiv, aber andererseits sitzt dieser harte Pluto bei dir schön geborgen bei deiner Venus. Dabei kommen gnadenlos aggressive Frauen heraus, aber sie zerstören nur, weil sie glauben, Gutes damit zu tun, also im Grund aus Liebe. Zerstörung und Aufbau sind zwei bedeutende Elemente in deinem Horoskop. Es ist vom Tod durchzogen, es wimmelt nur so von Skorpionen. Dabei hast du Saturn auch noch einmal in deinem Aszendenten, also im Skorpion selbst.

Wirklich faszinierend, ich muß schon sagen. Im Grunde bist du nur auf eins aus: Überall willst du die Schale aufbrechen, um an den Kern von Menschen und Dingen heranzukommen. Denn genau darauf bist du scharf: auf den Besitz der Seele.«

»Und was ist mit dem Schreiben?« fragte ich.

»Oh, das steckt überall in deinem Horoskop«, erwiderte er, »an allen Ecken und Enden. Schauen wir erst mal bei Merkur nach. Merkur ist Hermes, der Gott der Schrift, aber so etwas weißt du natürlich auch. Hermes benimmt sich ziemlich chamäleonhaft. Er wird erst ein Jemand, wenn noch ein anderer Jemand vorhanden ist, eine Persönlichkeit, in der er Ordnung schaffen oder – wie soll ich sagen – an deren Stelle er treten kann. Hermes nimmt die Form all dessen an, was er bei einem Menschen vorfindet, er schlüpft in die verschiedenen Personen, aus denen dieser Mensch besteht, und bringt dann Struktur hinein, oder er analysiert das Ganze einmal gründlich durch, so daß es klar und faßbar wird. Bei einem leeren Menschen ohne Substanz gibt es für Hermes nichts zu tun. Bei dir dagegen, bei jemandem mit einem so empfänglichen Mond, hat er alle Hände voll zu tun. Du bist sehr offen für Eindrücke, und was in deinen Kopf gelangt, muß irgendwie verarbeitet werden, denn wenn du deine Eindrücke nicht verarbeitest oder bearbeitest, dann verschwinden sie, als hättest du sie nie gehabt. Dagegen kannst du nichts machen. Die Position von Hermes in einem Horoskop zeigt sehr gut, wie Eindrücke verarbeitet werden, und auch, wie jemand mit den Ergebnissen seiner Analysen umgeht, wie er anderen zu vermitteln versucht, was er gelernt hat.

Merkur steht bei dir im Zeichen Skorpion hintan und befindet sich in deinem zwölften Haus. Das zwölfte Haus ist das Haus des verborgenen Wissens, der Schlupfwinkel des Geheimen. Wenn man Hermes im Haus des Geheimen hat, also in dem Haus, in dem man sich am meisten versteckt und einsam ist, dann kann es sein, daß man seine Entdeckungen und sein Wissen nicht direkt an andere weitergeben kann. Für die meisten Menschen ist das zwölfte Haus ein ziemlich unangenehmes Haus, aber was dem einen Angst macht, kann für einen Schriftsteller absolut notwendig sein. Er muß allein sein, um über die Welt nachdenken zu können, aber er muß auch allein sein, um mit anderen in Kontakt treten zu können und sie von seinem Wissen profitieren zu lassen. Verstehst du? Du mußt irgend eine Lösung finden, wie du mit anderen kommunizieren und ihnen deine Botschaften übermitteln kannst, ohne deswegen mit ihnen umgehen zu müssen – physisch, meine ich.

Und da könnte für dich ein Problem liegen, denn dein Horoskop enthält gleichzeitig so vieles, was dich den anderen geradezu in die Arme treibt, und diese anderen halten dich dann wiederum ab von dem, was du brauchst und worin dein Glück liegen kann.«

Ich hatte zwar einen Hermes, Saturn, ein Rudel Skorpione oder ein zwölftes Haus des verborgenen Leidens noch nie bemüht, aber was der Astrologe sagte, erschien mir unglaublich wahr.

Das Unangenehmste am Nachdenken ist für mich übrigens, daß man so oft bei Paradoxen landet. Das Schreiben zum Beispiel scheint etwas mit einer paradoxen Sehnsucht zu tun zu haben. Was immer man damit erreichen will –

Liebe, Trost, Verständnis, Ruhm –, um seinen Willen zu bekommen, muß man sich gerade soweit wie möglich von anderen fernhalten und sich völlig abkapseln, andererseits kann man das einzige, was man letzten Endes begehrt, nur von anderen bekommen. Es ist ein mühsames Unterfangen, jemandem etwas klarmachen zu wollen, was man für die Wahrheit hält, was man aber unmöglich aussprechen kann, wenn man ihm dabei auch noch ins Gesicht sehen muß. Da taucht dann wieder so viel neue Wahrheit auf. Aber das Schlimmste kommt noch: Wahrheit und Schreiben vertragen sich nicht. Das merkt man sehr schnell, wenn man dem Sog der Welt endlich genug Widerstand geleistet hat und nach endlosem Herumtrödeln im stillen Kämmerlein an seinem Tisch gelandet ist. Da sitzt man dann und möchte so gern ehrlich sein und tun, was einem vor dem beobachtenden Auge der Welt fortwährend mißlingt. Ehrlich sein ist so schwer. Beim Schreiben glaubt man weniger Probleme damit zu haben, weil man sich mannhaft der Augen, Ohren und Stimmen der Menschen entledigt hat, die einen dazu bringen, daß man lügt und immer wieder Dinge tut und sagt, die man nie tun und sagen wollte. Man sitzt also und schreibt, man schreibt alles wahrheitsgetreu auf, liest es noch einmal durch und merkt zu seinem Entsetzen, daß die geschriebene Wahrheit sich ausnimmt wie eine Lüge, schlimmer als die alltäglichen Lügen und außerdem häßlich. Deshalb schreiben so viele Menschen, und werden so wenige Menschen Schriftsteller. Die meisten hören an diesem Punkt auf. Es ist auch wirklich ekelhaft. Kein Mensch hält es jahrelang durch, Seiten mit Sätzen zu füllen, von denen ihm schlecht wird und die im Endeffekt unlesbar sind. Wer weitermachen will, muß von neuem lügen. Die Sehnsucht nach Wahrheit bleibt dieselbe, aber die große Kunst besteht darin, die Wahrheit zu sagen, indem man über sie lügt.

Ich wagte den Astrologen nicht zu fragen, ob ich diese Aussicht hätte.

Er sah mich mit glänzenden Augen an. Was er gesagt hatte, tat seine Wirkung. Ich war erregt, erstaunt, vergnügt, und ich war ihm dankbar. Um mich zu revanchieren, sagte ich ihm, wie sehr er ins Schwarze getroffen habe, daß ich Philosophie studierte, gern schriebe, strukturbesessen sei und mir auch unter einem Hurenengel etwas vorstellen könne.

Was mir als einziges momentan noch Kopfzerbrechen machte: Wie konnte ich mir merken, wer ich war – in einer Geschichte, worin Saturn, Hermes und das zwölfte Haus eine Rolle spielten.

»Ich kann auch nochmal kurz nachsehen, was sich in deinem neunten Haus tut«, sagte der Astrologe, durch meinen Enthusiasmus angespornt. »Es ist sowohl das Haus der Philosophie als auch das Haus der Öffentlichkeit. Siehst du nun, daß du ein Glückspilz bist«, sagte er und wies nacheinander auf eine Reihe von Zeichen.

»Jupiter und Pluto stehen beide im neunten Haus. Im neunten Haus ist Jupiter dort, wo er hingehört, und so etwas verstärkt die ganze Sache immer. Der Gott ist zu Hause, könnte man sagen. Kein Wunder, daß du veröffentlichen willst und Philosophie studierst. Obwohl –

vielleicht ist es auch Zeitverschwendung, und du hättest dir die ganze Universität sparen können. Nach deinem Brandmal warst du schon immer Philosoph. Da schau, Schütze ist der Herrscher des neunten Hauses, und er ist der Philosoph unter den Zeichen. Da du die Sonne im ersten Haus hast, muß man sich fragen, warum du immer noch zögerst. Du weißt doch seit langem Bescheid. Du hast Pluto im Löwen, dein Löwe wird von der Sonne beherrscht, und dein Sonnenzeichen ist der Schütze. Siehst du?«

»Nein.«

Ich sah es wirklich nicht. Ich spürte, daß er etwas Wichtiges sagen würde, etwas, das ich liebend gerne hören wollte, aber gleichzeitig schrecklich fand.

»Wer die Sonne im ersten Haus hat, weiß vom Tag seiner Geburt an, wer er ist. Da kann noch alles mögliche schiefgehen, aber dieses Bewußtsein ist da. Ein philosophisches Zeichen im ersten Haus, ein eigensinniger Pluto, der mit seiner ganzen Energie auf deine Sonne einwirkt, und dann noch der Philosoph unter den Planeten in seinem eigenen Haus – da hat man gar keine andere Wahl. Deine Sonne ist deine Persönlichkeit, und du bist als eigenständige Persönlichkeit geboren. Alles weist eigentlich in eine einzige Richtung. Warum nimmst du's nicht einfach an? Ich wollte, ich hätte so viel Glück. Wahrscheinlich stört dich Saturn mehr, als ich dachte, und verzögert die ganze Sache wieder. So viel Gratisglück muß man schon auf die Probe stellen, sonst wird man faul und apathisch. Aber ich weiß es auch nicht – ich lese nur, was hier steht.«

Stimmungen sind verräterisch. Meine anfängliche Aufgekratztheit war verschwunden. Auf einmal war mir schwer ums Herz. Warum saß ich hier und verschlang wie ein hungriger Wolf, was mir jemand über mich erzählte, wenn meine Anlage so glasklar war? Warum konnte ich nicht zu Hause bleiben, an meinem Tisch sitzen und schreiben, wenn das von Anfang an so vorgesehen war? Warum war ich nicht geblieben, wer ich war – und hatte mein Ziel direkt angesteuert, ohne all die seltsamen Umwege, die mich nur verwirrten und mich glauben ließen, ich würde immer reicher, während ich im Endeffekt immer mehr verlor? Was tat ich hier für ein lumpiges Taschengeld in einer Buchhandlung in De Pijp, weshalb verplemperte ich meine kostbare Zeit damit, mir die verrückten Reden eines einsamen Sonderlings über die Sterne am Himmel anzuhören, wo ich es doch ohnehin besser wußte und eigentlich an gar nichts glaubte?

»Was soll das Ganze?« fuhr ich den Astrologen an. »Alles ist wieder mal möglich, aber wenn's drauf ankommt, muß man alles selbst wollen, selbst tun, selbst entscheiden. Ohne Pardon. Das klingt mir zu schön. Das klingt nach dieser Illusion der Jugend, wenn man noch denkt, alles käme von selbst, ohne daß man einen Finger krumm machen muß.«

Jugend ist etwas Trügerisches. In der Jugend erscheint uns das Leben wie ein zahmes Tier, das sich uns zu Füßen legt und ewig treu bleibt, weil wir es manchmal flüchtig streicheln.

Mit vierzehn hatte ich einen Traum. Ich ging durch

mein Dorf und merkte, daß die Leute ganz aufgeregt wurden, wenn ich an ihnen vorbeikam. Sie winkten und nickten mir freundlich zu, wohlwollend und auch respektvoll. Dann steckten sie die Köpfe zusammen und redeten über mich. Irgend etwas war mit mir los, aber ich wußte nicht, was. Neugierig rannte ich nach Hause. Meine Mutter wußte immer alles.

Die Küchentür ist offen, und meine Mutter steht vor mir, flankiert von meinen Brüdern. Sie schaut mich an und schlägt die Hände zusammen. Verwundert fragt sie, ob ich es noch nicht wisse. Nein, nein, ich weiß von nichts.

Vor einer knappen Stunde wurde im Radio verkündet: Ich hatte den Nobelpreis bekommen. Das konnte unmöglich stimmen. Ich hatte noch keine Silbe veröffentlicht.

»Sie wissen, daß du Schriftstellerin bist«, sagt meine Mutter, »daß du den ganzen Tag nichts anderes tust. Sie geben dir den Preis im voraus, weil sie wissen, daß es gut ist.«

Das meine ich also. Ich nenne es Illusion der Jugend. Wenn man jung ist, kann man sich einfach keine Vorstellung davon machen, daß man aus eigener Kraft erreichen muß, was man gerne hätte oder wäre. Man glaubt, es genüge, etwas aus tiefster Seele zu wollen. In der Jugend kommt alles von selbst, und man nimmt es, wie es kommt, Gutes und Schlechtes. Eines Tages wird einem fast gewaltsam klar, daß die Sehnsucht zwar notwendig ist, aber für das Leben, das man führen will, nicht zureichend. Sehnsucht neigt gern zum Überspringen und wird zum Traum. Sie richtet sich nur auf die Wirkung und die belanglosen Begleitumstände eines Tuns. Filmstar möchte jeder sein, keiner sieht den Beruf. Der Wunsch ignoriert die Arbeit, die Hitze der Scheinwerfer, die bornierten anderen Filmstars, die Eifersucht und die Langeweile am Drehort. Begehrt wird die Bewunderung, die dem Filmstar zufällt und die man selbst empfindet, wenn man ihn auf der Leinwand sieht. Wer nach einem Idol verlangt, will in erster Linie selbst Objekt solch intensiver Sehnsucht sein. Die Wirklichkeit der Stars sieht niemand gern.

Die Jugend ist zu Ende, wenn einem die Notwendigkeit und Schönheit der Arbeit bewußt werden, die Wirklichkeit der Arbeit, notfalls auch ungeachtet ihrer Resultate, aber lieber nicht.

Wer unbedingt Schriftsteller werden will, muß Bücher schreiben, darauf läuft es hinaus.

Der Astrologe sah plötzlich ganz niedergeschlagen aus.

»Entschuldige, daß ich so unbeherrscht war«, sagte ich.

Mit der Hand wedelte er meine Bedenken fort.

»Macht nichts«, sagte er und blickte auf das Blatt Papier, »es ist dein Mars. Du hast das Mal eines Götterkindes, aber das Göttliche macht dich böse.«

»Erzähl mir dann ruhig mehr über die Hindernisse und Schwierigkeiten«, sagte ich.

An irgend etwas mußte es doch liegen.

»Ach, für dich ist sogar Tragik noch ein Geschenk«, sagte der Astrologe erleichtert. »Das Ganze ist schon fast zu schön. Wer nur Harmonie in seinem Horoskop hat, erreicht nichts. Ein paar harte Aspekte sind nötig, damit man wachsen und sich verwirklichen kann. Du hast eine Reihe von Quinkunxen, also bekommst du deinen Willen.

Manche Astrologen halten den Quinkunx für den schwierigsten Aspekt im ganzen Horoskop. Bei dir werden sie alle von deinem Mond gebildet. Der Mond ist das Weibliche, ist dein Gefühl, und dort hast du viel Kummer. Der Mond ist dein Herz, und dein Herz wird von Mars, Jupiter und Neptun bedrängt, und auch wieder von Pluto, seh' ich gerade. Das ist ziemlich viel, und nicht eben lustig. Wenn dein Mond zum Beispiel so dicht bei Jupiter steht, erwartest du mehr Güte, Schönheit und Wahrheit vom Leben, als es möglicherweise zu bieten hat. Du denkst, all dies wäre in dem Maß vorhanden, wie du es suchst, und du rechnest sozusagen täglich damit, ihnen irgendwo zu begegnen, aber du findest sie nie. Das macht dich rasend, und deshalb bist du auch eine Zerstörerin. Du hast den Skorpion im Haus des Merkur und den Saturn noch einmal im Skorpion. Das bedeutet, deine Stärke liegt darin, Dinge wie sie sind, kaputtzumachen, um aus den Scherben etwas Neues zu schaffen. Deshalb ist jemand wie du, bei dem Mars einen 150-Grad-Winkel zum Mond bildet, auch unberechenbar, abwechselnd hart und weich, leicht entflammbar und schnell gekränkt. Bei dir sind viele Zeichen ambivalent. Der Mond, der immer wieder in anderer Gestalt auftaucht, der Schütze, der himmlisch und irdisch zugleich ist und den Zwillingen gegenübersteht, und dazu noch ein gespaltener Pluto in starker Position zum Mond. Und wenn deine Sonne auch noch mit Pluto ein Quadrat bildet, krempelst du so viel um, daß du schließlich selbst nicht mehr weißt, worum es eigentlich geht. Aber der wilde Pluto steht schön zu deiner Venus, und außerdem befindet er sich mit seiner ganzen plutonischen Energie im

Haus der Öffentlichkeit. Du wirst also ganz schön rackern müssen, und zwar genau da, wo einerseits dein Gefühl sitzt und du dir andererseits einen Namen machen willst.«

»Danke«, sagte ich, weil ich ihm dankbar war.

Er hob die Hand und beschrieb einen Kreis über seinem Kopf.

»Du hast es nicht von mir«, sagte er schüchtern, »es steht in den Sternen.«

Es war schon nach Ladenschluß, und ich merkte es nicht. Ich hörte zu. Allerdings frage ich mich, ob dieser Mischzustand aus Betäubung und Aufregung den Namen »Zuhören« verdient. Zu fast allem auf der Welt hat irgendein Spezialist, Experte, Professor oder Moralist schon einmal gesagt, wie es in seiner optimalen Form auszusehen habe. Gutes Zuhören erfordert Einfühlung und Verzicht auf Vorurteile. Solche Gesetze, dafür war ich schon immer sehr empfänglich. Als ich noch kaum ein Buch gelesen hatte, behielt ich mühelos die Gesetze für jede Form von gutem Benehmen, korrektem Auftreten, richtigem Handeln im Kopf. Ohne Gesetze war ich hilflos. Die anderen auch, dachte ich damals noch. Die Schwierigkeiten begannen, als ich anfing, mehr Bücher zu lesen, und entdeckte, daß es zu ein und derselben Sache mehrere und auch verschiedene Gesetze gab. Geradezu tragisch wurde es, als ich merkte, daß die anderen zwar Gesetze im Kopf hatten, aber so gut wie nie Bücher lasen. Sie hatten sie irgendwo anders her. Woher, das war mir ein Rätsel. Manche Menschen scheinen die Gesetze von Natur aus in sich zu tragen. Sie lesen keine Bücher und haben doch eine Meinung, eine Überzeugung, eine Vorstellung davon, wie die Welt sein soll. Sie sind von der Richtigkeit ihrer Ansichten überzeugt und brauchen nirgendwo nachzuschlagen, wie sie über dies oder jenes zu denken haben.

Ich begriff nicht, wie das möglich war. Ich fürchtete schon, keine Natur zu haben. Bestenfalls hatte ich einmal eine gehabt, sie aber irgendwo unterwegs verloren.

Die Art, wie ich an jenem Nachmittag dem Astrologen zuhörte, hatte jedenfalls mit einem Einfühlen meinerseits in die Geschichte eines anderen kaum mehr etwas zu tun. Hier ging es um mich, und was ich hörte, war zu achtzig Prozent unverständlich. Die Bedeutung ganzer Satzbrokken blieb mir verschlossen. Aber ich hörte zu. Zwischen Quadraten und Sextilen, den Konjunktionen des absteigenden Zeichens und den Trigonen des ersten Hauses plätscherte das eigenwillige Idiom des Astrologen dahin. Ob ich ihn verstand, interessierte ihn nur, wenn er einen französischen Ausdruck gebrauchte, für den er in der Eile keine niederländische Entsprechung fand, oder wenn er mir die Einflüsse der Planeten auf mein Handeln mit einem Gleichnis erklären wollte, aber nie, wenn es um seine für mich wirklich unverständlichen Berechnungen ging.

Am Freitag darauf stand er, fünf Minuten nachdem ich die Ladentür aufgeschlossen hatte, auf der Schwelle. Er zögerte beim Eintreten, sah schuldbewußt aus und erforschte erwartungsvoll mein Gesicht. Ich verdächtigte ihn, daß er in einer Kneipe gewartet hatte, bis ich um die Ecke geradelt kam, und dann kaum noch Geduld gehabt hatte, seinen Kaffee auszutrinken.

Genau wie bei der ersten Begegnung beschlich mich wieder ein Gefühl von Gereiztheit, als ich ihn sah. Das wunderte mich, denn in der Woche zuvor hatte ich seine Geschichten doch so schön gefunden, und er war mit seinem archaischen Wissen so freigebig gewesen. Was war der Grund? War es das Hündische in seiner Haltung, eine animalische Ausdünstung von Schwäche, Unterwürfigkeit, Abhängigkeit?

In den folgenden Jahren, als ich ihn regelmäßig traf und sogar einmal mit ihm nach Paris fuhr, sah ich es auch bei den wenigen Freunden, denen er mich vorstellte, und selbst bei den Frauen, mit denen er, wie er es nannte, Liebe betrieb. Es dauerte nur einen Sekundenbruchteil, aber alle hatten anfangs etwas Abwehrendes im Blick, wenn sie ihn wiedersahen. Ich nahm es mir übel und machte mir später deshalb noch hundertmal Vorwürfe, aber ich konnte nichts dagegen tun. Weder gewöhnte ich mich daran, noch gab es sich irgendwann von selbst. Das Leben mußte für den Astrologen ziemlich unerfreulich sein, und ich verstand nicht, wie er es so lange aushielt. Selbst Menschen, die ihm am wichtigsten waren, mußten immer wieder neu erobert werden, und auch ein jahrelanger vertrauter Umgang behielt die tapsige Unbeholfenheit einer ersten Begegnung. Erst als ich seine Mutter kennenlernte, wurde mir einiges klar.

Der Astrologe war vor kurzem in eine neue Wohnung gezogen, und seine Mutter sollte ihn dort besuchen. Ich kannte ihn damals etwa ein oder zwei Jahre, sah ihn aber manchmal monatelang nicht, weil er dann in Frankreich lebte, irgendwo. Er hinterließ keine Adresse. Manchmal schrieb er eine Ansichtskarte oder einen kurzen Brief. Er nannte mich *Monsieur Lune*. Er fand, ich sähe aus wie eine Rubensfrau in Soldatenkleidern, was in seinen Augen nur logisch war, da mein Mond mit meinem Mars kämpfte. Nun ist mir noch nie etwas logisch vorgekommen, was mit mir selbst zu tun hat, und es macht mir außerdem Spaß, jedes Problem mit möglichst vielen Theorien, Ideen und Überlegungen zu attackieren.

Über das Verhältnis von Mann und Frau habe ich zwar nachgedacht, kann es aber unmöglich so simpel sehen. Nimm Adam und Eva: Das Problem ist weniger, ob sie zusammenpassen und sich genügend lieben, sondern eher, daß ihr undefiniertes Glück von etwas Fremdem gestört wird, von einem Dritten, einem geschickt vermummten Teufel, einem Gott, der sich überall einmischt und nur den Teufel in Ruhe läßt, vom Raub der Erkenntnis, und daß ausgerechnet Eva sich verleiten läßt, etwas zu essen, was sie gar nicht essen darf, womit sie das Gesetz bricht und ihrerseits Adam verführt, mitzutun. Je mehr zusammenkommt, desto lieber ist es mir. Wenn ich das Verhältnis zwischen Mann und Frau mit der Beziehung zwischen Gott und dem Teufel, Erkenntnis und Sündenfall verknüpfen kann, lasse ich mir das nicht entgehen. Mit dem Astrologen kamen noch eine Sonne und ein Mond hinzu; ich fand das gut, es regte meine Phantasie an. Mit Sonne und Mond allein wüßte ich nicht soviel anzufangen.

Der Astrologe schon; und ehrlich gesagt beruhigte es mich, daß diese enorme Vereinfachung sein Leben nicht auch einfacher oder durchsichtiger machte.

Wenn der Astrologe von einer Reise wieder in die Niederlande zurückkehrte (»Holland«, sagte er), kam er als erstes zu mir. Er brachte mir immer etwas mit, ein Buch oder sogar mehrere, ein Stück Käse oder eine trockene Knoblauchwurst. Alles steckte in einer braunen Papiertüte, auf die er mit Filzstift »Futter für Monsieur Lune« geschrieben hatte. Die ersten Tage nach seiner Rückkehr war mit ihm wenig anzufangen. Er klagte über die Kälte und Unnahbarkeit der Holländer (»ils ne sont pas tactiles«), die Unmöglichkeit, mit ihnen wirklich in Kontakt zu kommen, über den Unterschied zwischen hier und dort. Sobald er die Grenze passierte, sprang Holland ihm ins Genick, und er hatte das Gefühl, etwas Schweres mit sich herumzuschleppen, etwas, das ihn niederdrückte, so daß er kaum aufrecht gehen konnte und Mühe hatte zu atmen. Immer häufiger weinte er.

Aus seinen Beschreibungen vom Leben dort, mit den Franzosen, die er auf seinen Reisen kennengelernt hatte, tauchte vor mir immer wieder das Bild der sechziger Jahre auf. Gegen die sechziger Jahre habe ich eine intuitive Abneigung. Sie sind für mich das Mittelalter des zwanzigsten Jahrhunderts, auch wenn dieses Bild ebenso intuitiv ist wie meine Abneigung. Mittelalter ist Mittelalter, und hier hat es in der Geschichte seinen Platz. Wenn das Mittelalter im zwanzigsten Jahrhundert auftaucht, dann ist die Zeit aus den Fugen, und es geschieht etwas Unwirkliches, etwas Unechtes, eine unziemliche Wiederholung gewissermaßen. Ich glaube, daran liegt es. Die sechziger Jahre wirken auf mich unwahr, wie eine falsche Szene im Theaterstück der Zeit. Das Unwahre war wie ein Rausch, und jeder lebte im Sog der Lüge. Die Lüge war die Verleugnung des zwanzigsten Jahrhunderts, und sie drang in die Körper der Menschen ein, in ihre Gesten, ihre Beziehungen, vor allem aber in die Haut der Sprache.

Ich sagte dem Astrologen manchmal, er hätte im Mittelalter leben müssen. Er hätte durch die Lande ziehen und überall ein Obdach finden können, weil er die Sterne kannte und den Menschen sagen konnte, ob sie die Ernte heute oder morgen einbringen sollten und wie viele Knaben und Mädchen noch geboren würden. Damals glaubten die Menschen auf eine andere Art daran als heute. Er hätte zu essen bekommen und hätte bleiben können, so lange er wollte, denn schließlich war er ein freundlicher Mann, und früher wußten die Menschen die Eigenheiten des fahrenden Volkes besser zu nehmen.

Ich weiß nicht, ob es für den Astrologen irgend etwas geändert hätte.

Manchmal glaube ich es.

Er hatte mich gebeten, zu ihm zu kommen, und zwar möglichst lange vor seiner Mutter. Ich war zeitig da und überreichte ihm den Apfelkuchen, den ich zu diesem Anlaß gebacken hatte. Mit einer für ihn ungewohnten Zerstreutheit nahm er mir den Kuchen ab und stellte ihn auf die Anrichte. Er war sehr nervös.

Sein Zimmer war voller Umzugskartons. Auf dem Herd stand ein Topf mit Suppe. Er hatte gerade geduscht und sich das nasse Haar gescheitelt; dadurch sah er aus wie ein Schuljunge. Plötzlich tat er mir leid, und ich legte ihm die Hand auf den Unterarm. Etwas in ihm geriet in heftige

Bewegung. Er schluckte schwer. Es war, als prallten hinter seinem Brustkasten Klumpen gepreßter Luft gegen einen Schild. Mit der linken Hand griff er nach meiner Schulter, die rechte hielt er sich vor den Mund, aus dem ein langgezogener, rauher Ton kam.

»Ich schaff's nicht«, stöhnte er, »ich schaff's nicht. Sie gewinnt.«

»Was schaffst du nicht?« flüsterte ich, denn ich hatte Angst.

»Bis Oktober.«

»Was ist im Oktober?«

»Da sieht es wieder besser für mich aus.« Er rang nach Luft und sagte etwas von Verschiebungen am Sternenhimmel, günstigen Planetenkonstellationen, aufgehobenen Blockaden und freiwerdender Energie.

»Deinen Mars müßte man haben! Meiner liegt hoffnungslos am Boden. Ich kann mich nur gegen Schatten erregen. Ich kann meine Feinde erst dann töten, wenn sie von sich aus schon mausetot sind. Manchmal stelle ich mir vor, ich würde die Leiche meines Vaters ausbuddeln und ihn noch nachträglich erdolchen. Es ist schrecklich, aber ich warte darauf, daß meine Mutter stirbt, damit ich sie zerschmettern kann. Du zerstörst wenigstens bei lebendigem Leibe, und hast noch was davon. So wie es jetzt aussieht, komme ich keinen Schritt weiter, und mein Leben verstreicht. Solange meine Mutter noch lebt, ist für mein Leben kein Platz, es kann einfach nicht stattfinden. So ist das, ich seh' es auch in unseren Horoskopen. Einer von uns muß weg, sie oder ich. Und sie hat den längeren Atem.«

Sein Tonfall war immer grimmiger geworden. Er sah, daß ich darüber erschrak und nicht wußte, was ich sagen sollte. Er packte meine Hand und kniff hinein.

»Ich tu doch alles, wie es sich gehört. Ich laufe herum, ich schaue, ich kaufe in den Läden ein, ich rede über einfache Dinge mit den Leuten auf der Straße, und mit Leuten wie dir über schwierige, und trotzdem ist es, als würde das Leben ohne mich stattfinden, als ob es mich nichts anginge, verstehst du? Es ist mein eigenes Leben, aber ich lebe es nicht.«

Dem Astrologen konnte ich natürlich mit Realitätsflucht, Mutter- und Vaterkomplexen, Ödipus und dem ganzen Arsenal als Erklärungen nicht kommen, womit man andere Leute schon mal traktiert, um etwas Licht in die Sache zu bringen. Er hatte ein Netz über die Welt gelegt, dessen Knoten mit dem Himmel zu tun hatten, mit Sternen, Winkeln, Zahlen. Er hatte sich selbst in das Netz eingeknüpft, und hätte ich an einem dieser Fäden gezogen, wäre der Wahnsinn durch alle Maschen nach außen gedrungen.

Eine halbe Stunde später klingelte seine Mutter. Sie war eine kleine, wettergegerbte Frau mit glattem, schneeweißem Haar. Sie war schon hoch in den Siebzigern, hatte aber das rosige Gesicht eines jungen Mädchens.

Der Astrologe erwartete sie an der Wohnungstür, und dann sah ich es.

Sie hatte es auch.

Sie begrüßte ihn widerwillig, als sei sie selbst überrascht, diesen Fünfziger einst geboren und gestillt zu haben. Unser Blick, der Blick seiner Freunde, war derjenige, mit dem er schon immer betrachtet worden war. Er konnte keinem anderen Blick begegnen als diesem. Er suchte ihn.

Aber um Himmels willen, diese Frau war seine Mutter!

Er schaffte es bis Oktober und reiste in diesem Monat auf unbestimmte Zeit nach Frankreich, im Vertrauen auf verschiedene Veränderungen; er wußte noch nicht, welche es sein würden, dachte aber, sie wären günstig für ihn.

Um Weihnachten bekam ich einen Brief.

Arles, 19. Dezember 1982

Cher Monsieur Lune,
es ist doch anders gelaufen, als ich dachte. Ich spüre zwar, daß viel passiert ist, und eine Weile sah es auch so aus, als ginge es mir besser, denn ich war aktiver und habe nette Leute kennengelernt. Aber es ist immer noch vorhanden, dieses Etwas, das immer anwesend ist, das in mir steckt, im Keim, embryonal, und in Ruhe seine Zeit abwartet und bei allem, was ich unternehme, auftaucht, um kaputtzumachen, was mir wertvoll ist. Mein Glück ist wurmstichig. Der Wurm muß raus, coûte que coûte. Aber wie? Et quand? Er sitzt in meinem Horoskop. Nie etwas Festes, in allem dieser schleichende Verfall.

Und wie geht's dir? Ça va? Du bist auch allein, aber du genießt es. Ich nicht. Du hast dich eingeschlossen mit deinem größten Kritiker (☉☍♄), aber ich habe einen Selbstzerstörer in mir. Man muß Vertrauen haben.

Es ist schön hier, viel Schnee. Bon Noël. Je t'embrasse.

Moi.

Im Frühjahr sah ich ihn wieder. Er wollte nur etwa drei Wochen in den Niederlanden bleiben, denn er war in Frankreich mit einer großen Sache beschäftigt. Er spielte Lotto und hatte ein System entwickelt, mit dem er voraussagen konnte, welche Zahlen er ankreuzen mußte, um sich den Hauptgewinn zu sichern. Um das System zu vervollkommnen, brauchte er eine Zeitschrift, in der jede Woche die Gewinnzahlen veröffentlicht wurden.

Er war ganz aufgeregt. Zu Hause würfelte er stundenlang und notierte sich Zahlenreihen. Es war das erste Mal, sagte er, daß er es länger als drei Stunden hintereinander in seiner Wohnung aushielt.

Konzentration ist heilsam, und wenn er mich besuchte, nannte ich ihm jedesmal das Geburtsdatum einer Person, die ich gerade kennengelernt hatte. Meine eigene Geschichte hatte ich jetzt schwarz auf weiß, und die Neugier auf mein Horoskop war verblaßt. Außerdem hatte ich entdeckt, daß der Astrologe vor allem Augen hatte für eine mögliche Kombination unserer beider Horoskope. Seiner Meinung nach standen unsere Planeten sich äußerst günstig gegenüber, und nur meine Mars-Neptun-Konjunktion war einer eventuellen Beziehung zwischen uns im Wege. Was mich betraf, so stand ihr noch sehr viel mehr im Wege, aber ich hatte keine Lust, mit ihm darüber zu diskutieren.

Lernte der Astrologe neue Menschen kennen, fragte er sie sofort nach den erforderlichen Daten. Zu Hause überprüfte er dann, ob dabei etwas für ihn heraussprang. Am liebsten hätte er ein Horoskop entdeckt, das sich nahtlos an das seine fügte, die perfekte Kombination zweier

Schicksale, bei der die Defizite ausgeglichen und die Hybris wechselseitig gebremst würde. Beziehungen waren seine Spezialität.

Wenn er zu Besuch kam, gab ich ihm manchmal zu verstehen, daß ich keine Zeit für ihn hatte, aber wenn ich ihn hereinließ, sorgte ich dafür, daß *er* redete. Er brachte mich immer auf neue Ideen, stellte Zusammenhänge her, auf die ich nicht so schnell kam, lieh all seine Bilder bei den Göttern und Göttinnen, die ich meinerseits wieder gern mit Dingen in Verbindung brachte, mit denen ich mich gerade beschäftigte. Nie lernt man Mythen besser kennen als durch einen Menschen, für den sie noch lebendiger Bestandteil der Wirklichkeit sind.

So wurden nach und nach auch die Leute, mit denen ich zu tun hatte, zu Figuren in den so eigentümlichen Geschichten des Astrologen. Ich gab ihm die Koordinaten, und er malte die Landschaft ihres Sternenhimmels. Professor De Waeterlinck, Daniel Daalmeyer und Clemens Brandt wurden von ihm herbeigezaubert, ohne daß er ihnen je begegnet wäre oder je noch begegnen würde.

Manchmal versuche ich mir vorzustellen, wie es in seinem Kopf aussah. Das ist keine Angewohnheit von mir; bei den meisten Leuten komme ich gar nicht auf die Idee. Ganz anders bei dem Astrologen. Wenn er irgend eine Erklärung suchte oder auf meine Bitte hin nachsah, wie der Himmel bei der Geburt von diesem oder jenem gestanden hatte, verdrehte er die Augen nach oben, und dann schien es, als wolle er sie ganz nach innen kippen, damit sie in seinem Kopf eine Dialeinwand betrachten konnten, auf der das immer gleiche Bild erschien: ein Kreis.

Der Kreis ist wie eine Torte in zwölf Stücke zerschnitten. In den Spitzen der so entstandenen Dreiecke stehen Zahlen. Rings um den Kreis erscheint innen wie außen eine endlos veränderliche Reihe von Zeichen und Zahlen. Die Zeichen sind die Sterne. Sie sind von jeher in Bewegung, und sie bewegen sich Tag für Tag fort. Der Astrologe konnte das sich drehende Rad mühelos anhalten und aus dem Kopf einen Kreis auf die Leinwand projizieren, der den Himmel zeigte, wie er beispielsweise am 25. Dezember 1934 um zwölf Uhr nachts ausgesehen hatte.

Am 25. Dezember 1934 um zwölf Uhr nachts wurde seiner Biographie zufolge Lucas Asbeek geboren, und der Astrologe meinte, wir würden uns irgendwann begegnen, unsere Kleider zerreißen, und ich würde meine Federn verlieren.

Er hat recht bekommen.

Sein zweiter Besuch fiel in den Herbst. Er hatte mir eine Wurst und *Die Lust am Text* von Roland Barthes mitgebracht und erzählte mir von seinem Mißerfolg beim Lotto. Sein System funktionierte perfekt, und er hatte genau gewußt, welche Zahlen er ankreuzen mußte, um zu gewinnen, aber aufgrund bestimmter Umstände hatte er justament andere Zahlen angekreuzt. Der Hauptgewinn war exakt auf die Zahlen seines Systems gefallen, und er hatte sich und den Wurm in seinem Innern verflucht. Er hatte so viele Chancen, aber er war dazu verdammt, sie zu vertun. Er fand sein Horoskop zum Kotzen. Er war müde.

An einem Tag im Herbst klingelte er bei mir und kam, vor sich hin murmelnd, die Treppe hinauf gestolpert. Ich wartete schon oben in der Tür und hatte vor, ihm rasch klarzumachen, daß er ungelegen kam und daß ich Angst hatte, meinen Rhythmus zu verlieren, wenn ich meine Arbeit jetzt unterbrach. Auf halber Treppe hielt er schon einen Gegenstand in die Höhe, den ich nicht erkennen konnte.

»Schau dir das an!« rief er aufgeregt. »Das ist ja bizarr!«

Grußlos ging er an mir vorbei und ließ seine Tasche von der Schulter gleiten. Der Astrologe verlor selten die Regeln der Höflichkeit aus dem Auge, aber jetzt war sein Blick so wild, daß ich beschloß, ihn wenigstens kurz anzuhören. Er öffnete die Hand und zeigte mir, was er gerade in die Höhe gehalten hatte. Es war ein Lippenstift.

»Schau mal«, sagte er und drehte die Hülse so, daß ich das goldene Etikett auf der Unterseite sehen konnte.

»Fruity Sorbet«, las ich laut.

»Die Dreiunddreißig«, sagte er empört.

Ich erschrak. Um seiner unerwarteten Fröhlichkeit keinen Dämpfer aufzusetzen, sagte ich, das sei in der Tat auffällig.

In den letzten Wochen hatte er immer wieder von der Dreiunddreißig gesprochen. Er behauptete, die Zahl habe in seinem Leben seit seiner Kindheit eine Rolle gespielt. Er konnte sich an Hausnummern, Daten, Uhrzeiten, Autonummern und Postleitzahlen erinnern, die diese Zahl enthielten, und er brachte sie mit den wichtigsten Ereignissen in seinem Leben in Verbindung, egal, wo auf der Welt er sich gerade befunden hatte und wie alt er gewesen war.

Wie wichtig dies für ihn war, hatte ich erst begriffen, als er vor der Entscheidung stand, in eine neue Wohnung umzuziehen. Die Wohnung, die ihm angeboten wurde, war ungleich besser als die alte, und so gesehen war es eine Gelegenheit, die er beim Schopfe packen mußte. Kein anderer hätte auch nur eine Sekunde gezögert, aber der Astrologe geriet in Panik. Als ich ihn fragte, was er denn dagegen habe, sagte er, er wisse noch nicht, welche Hausnummer die neue Wohnung bekäme. So wie es im Moment aussah, würde es Nummer dreizehn, und von der Dreizehn wollte er nichts wissen. Eine Woche später erfuhr er, daß man ihn in den dritten Stock setzen wollte.

»Also doch wieder die Dreiunddreißig«, sagte er triumphierend. »Ich wohne in 13 C, und das C steht eigentlich für eine 3.«

Daraufhin hatte er seine Sachen gepackt und die Wohnung bezogen.

Er stand vor mir. Den Mantel hatte er noch an. Strahlend erzählte er mir, er habe eine schlaflose Nacht verbracht, weil ihm ständig die Frage durch den Kopf gegangen sei, ob er noch länger in den Niederlanden bleiben oder wieder nach Frankreich gehen solle. Erst gegen Morgen war er in einen leichten Schlummer gefallen, und meinte, beschlossen zu haben, die Niederlande zu verlassen. Ganz sicher war er aber nicht gewesen.

Am Morgen war er aufgestanden und hatte im Vorratsschrank nach etwas Eßbarem gesucht, weil er, was sonst nie vorkam, keine Lust auf normales Brot hatte. Worauf er allerdings Lust hatte, wußte er nicht. Während er ein paar Dosen und Tüten hin und her schob, sah er plötzlich eine lebensgroße Dreiunddreißig. Es war die Marke eines Gebäcks, das er einmal aus Frankreich mitgebracht und seither nicht mehr angerührt hatte. Sein Fund bestärkte ihn in der Überzeugung, die richtige Wahl getroffen zu haben. Er mußte so schnell wie möglich aus den Niederlanden fort.

Das Gebäck war altbacken, aber er hatte es mit Appetit verzehrt. Alles. »Um mir die Dreiunddreißig einzuverleiben«, sagte er.

Es konnte nichts mehr schiefgehen. Er hatte angefangen, seinen Koffer zu packen und wollte nur noch rasch bei mir vorbeischauen, um sich zu verabschieden. Auf der Schwelle meiner Haustür war er mit dem Fuß an etwas gestoßen, das davonrollte, und er hatte diesen Lippenstift aufgehoben, auf dessen Unterseite die magische Zahl klebte.

Er sah mich an, als hätte er einen Sieg errungen. Um seine Augen lag ein dunkler Schatten, und seine Lider waren geschwollen und rot, aber alles, was an Augen leuchten kann, leuchtete, und ich wagte ihm nicht zu sagen, was ich dachte.

Er reiste noch am selben Tag ab. Im Laufe des Abends wurde mir schlecht, und ich mußte mich übergeben. Ich dachte, ich würde ihn nie wiedersehen.

So war es auch.

Ein Talent muß man anpacken, wie man das Leben anpackt, denn eines Tages verschmelzen beide miteinander. Dann ist das Leben unser Talent, und unser Talent besteht darin, zu leben. Ein Talent, das nur ein trügerisches Versprechen bleibt, ist unser Tod, davon bin ich überzeugt. Es wohnt in uns und zetert, wie das Leben hätte sein können, und von einem bestimmten Zeitpunkt an, wie das Leben hätte sein *müssen*. Was uns zur Schönheit und Einmaligkeit eines eigenen Lebens hätte emporziehen sollen, zieht uns auf die Dauer nach unten, dem Tod, dem großen Gleichmacher, entgegen.

Als der Astrologe so vor mir gestanden hatte, mit diesem Lippenstift in der Hand, von einem schwelenden Leiden gekrümmt, da war mir plötzlich klargeworden, worin wir einander glichen und worin wir uns unterschieden. Was wir taten, lief auf das gleiche hinaus, aber wir fühlten uns jeder einer anderen Kausalität unterworfen.

Er überließ es dem Leben außer ihm, ihn davon zu überzeugen, daß sein Leben einen Sinn hatte, daß er ein Recht darauf hatte, daß er im Leben aufgenommen war, seine Sache gut machte, und daß sein Leben stimmte. Täglich erwartete er ein Schulterklopfen von der Welt, ein Signal des Zufalls, so daß der Zufall selbst als Gesetz entlarvt werden konnte und sich von einer blinden, gleichgültigen Göttin zu einer sanften, kummervollen Mutter verwandelte, die ein Auge auf ihre Sprößlinge hatte und beständig über ihnen wachte. Der Astrologe ertrug die Gleichgültigkeit des Schicksals nicht, und deshalb ertrug er das Leben nicht. Er verschmolz nicht mit ihm.

Das Leben sollte ihn aus seiner grausamen Vereinzelung befreien, indem es ihn in eine große Geschichte aufnahm und ihm den Beweis für die Notwendigkeit seiner Existenz lieferte.

Bei mir war es umgekehrt. Die Vereinzelung war die einzige Position, aus der heraus ich glaubte, das Leben von seiner Sinnlosigkeit befreien zu können und all die einsamen, seelenlosen Dinge zu Zeichen zu machen, damit sie doch noch irgendwo, in einem selbsterdachten Zusammenhang, Sinn haben konnten.

Mich brauchte das Leben. Ohne mich war es aufgeschmissen.

2

Der Epileptiker

Die Philosophievorlesungen fanden in zwei alten Gebäuden statt, die im Stadtzentrum lagen und sich als einzige mit den ehrwürdigen Universitätsgebäuden von Oxford oder Cambridge messen konnten, die ich aus Filmen kannte. Sie waren für mich zum Urbild dessen geworden, wie eine Universität auszusehen hat. Mein Studentendasein hatte zwar nicht die geringste Ähnlichkeit mit dem Leben der Helden in diesen Filmen, aber jedesmal, wenn ich durch die Säulen des Portals ging und die Stille des kleinen Rondells mich umfing, kam es mir vor, als spazierte ich mitten in einen Film hinein und hätte hier Bedeutendes zu tun.

Inmitten der kleinen Grünfläche stand ein hoher Baum und darunter, im Schatten seiner Blätter, die Büste der Minerva auf einem Sockel. Ging ich in einem Bogen um sie herum, schien sie mir mit ihren Augen zu folgen. Deshalb wandte ich immer den Blick ab, mußte mir aber dann den häßlichen Stein mit den herausgemeißelten Köpfen von Vossius und Barlaeus anschauen. Ich fand sie mißlungen, schon die Namen der beiden berühmten Melancholiker bewirkten, daß mein Gefühl der Auserwähltheit noch anhielt und ich mich glücklich pries, jetzt in einer Stadt der Dichter und Denker zu leben. Sobald ich aber die Glastür aufstieß und die große Halle betrat, war jedes Gefühl von

Erhabenheit wie weggeblasen. Hier herrschte der demokratische Geist des zwanzigsten Jahrhunderts.

Öffentliche Gebäude können an ihrem Äußeren die Vergangenheit festhalten, ihr Inneres nimmt, wenn sie weiter genutzt werden, die Farbe der Gegenwart an. Das kommt, seltsam genug, durch das Äußere der Dinge und Menschen, durch ihre Formen, ihre Kleidung, die Geräusche, die sie machen, und ihre Gesten. Menschen gehorchen Moden, und ob sich in all den Jahrhunderten das Wesen der Menschen gewandelt hat, will ich hier nicht beurteilen. Auf jeden Fall schafft es jedes Jahrhundert doch wieder listig, sich in den Falten ihrer Kleider einzunisten, in der Choreographie ihrer Gesten, der Klangfarbe ihrer Worte, der Dramatik ihrer Emotionen. Ganze Jahrzehnte haben sich der Anonymität der Zeit entzogen, indem sie den Fortgang des Ewiggleichen hinter der Maske eines eigenen Gesichts verbargen, und jedes Jahrhundert findet die Menschen aufs neue bereit, die Maske der Zeit zu tragen und so deren Eigenart auf ihre Kappe zu nehmen.

In der Halle standen überall Leute in kleinen Gruppen, und auf dem Boden verstreut lagen Taschen in allen Formen und Farben. Immer wenn ich einen Raum betrete, in dem so viele Menschen beieinander stehen, bilde ich mir ein, ich müßte schon im voraus genau wissen, was ich will, mit festen Schritten auf Personen oder Dinge zusteuern und unbeirrbar meinen Weg gehen. Ruhig stehenbleiben und erst an Ort und Stelle über mein Ziel nachdenken, das bringe ich nicht fertig.

Auf den ersten Blick hatte ich keinen Bekannten entdeckt, und ich ging direkt zum Fahrstuhl in einem der Korridore, die in die Halle mündeten. Neben dem Aufzug hing eine Tafel mit dem Gebäudeplan. Ich suchte die Nummer des großen Hörsaals, H. 211. Hier sollte Professor De Waeterlinck seine Vorlesung über die Philosophie der Gegenwart halten.

»De Waeterlinck ist ein Mythos«, hatte Daniel Daalmeyer zu mir gesagt, und seine Berichte über den Professor und dessen Vorlesungen hatten mich neugierig gemacht. De Waeterlinck war der einzige Philosophiedozent, über den ich je eine bewundernde Äußerung gehört hatte. Die Niederlande sind bekannt für ihren eklatanten Mangel an originellen Philosophen, und die Vorlesungen, die ich bis dahin besucht hatte, lieferten mir genügend Gründe, dieses Urteil zu unterschreiben. Was die Dozenten anging, hatte ich bisher nur die Bekanntschaft mit zu groß geratenen Schuljungen gemacht, die das Werk eines ausländischen Philosophen bis in die Fußnoten hinein auswendig konnten und die sich vor allem dadurch auszeichneten, daß sie mit anderen Worten wiedergaben, was der Philosoph selbst in viel schönerer Prosa bereits zu Papier gebracht hatte. Kein einziger von ihnen hatte Eigenes zu bieten. Fast schien es so, als sei es verboten, mit einer eigenen Idee daherzukommen. Unter dem Motto studentischer Eigenaktivität war die Mehrzahl der Vorlesungen zu Seminaren umfunktioniert worden, was darauf hinauslief, daß man Meinungen, die man nicht hatte, vor den anderen Studenten vertreten mußte, die auch keine hatten. Fast immer saß in einer solchen Runde auch ein größenwahnsinniger Zwanzigjähriger, der sich für einen originellen Denker hielt und in jeder Seminarsitzung die Gelegenheit ergriff, in aller Ausführlichkeit seine Weltanschauung darzulegen oder darauf hinzuweisen, daß er bereits im Alter von zwölf Jahren Kants kategorischen Imperativ ad absurdum geführt habe.

Was von den Dozenten gefördert wurde, war für mich eine Qual und der Grund, warum ich die Seminare so oft wie möglich mied. Ich versuchte, mir mein Studium so einzurichten, daß ich zu Hause Bücher lesen oder schweigend in den Vorlesungen sitzen konnte.

Ebensowenig wie das Innere der Gebäude entsprachen die Vorlesungen meinem Urbild von Universität. Das einzige, was mir von Anfang an gefiel, waren die Bücher.

Daniel Daalmeyer lernte ich 1981 kennen, in einer Ringvorlesung über Thomas Manns *Zauberberg*, einem Gemeinschaftsprojekt von Literaturwissenschaftlern und Philosophen. Im Vorlesungsverzeichnis war die Rede von einem »Versuch, gemeinsam den Ursprüngen des heutigen Nihilismus und der strengen Ästhetik moderner Schriftsteller und Philosophen nachzuspüren«. Dieser eine Satz enthielt so vieles, wovon ich nichts wußte, daß ich beschloß, die Vorlesung zu belegen.

Jeden Dienstagnachmittag behandelten jeweils andere Dozenten einen Aspekt des Romans, und bei einem dieser Vorträge fand ich einen Platz neben einem dunkelhaarigen Studenten, den ich weiter nicht beachtete, bis er mich fragte, ob ich ihm etwas zum Schreiben leihen könne.

Ich habe aber nur Füller.

Ich leihe meine Füller ungern aus.

Ich kann erst dann lügen, wenn ich mich Tage vorher darauf vorbereitet habe.

Die Frage nach dem Schreibgerät kam unerwartet. Ich habe immer mehrere Füller in meiner Tasche. Da mein Nachbar das aber nicht wissen konnte, wäre es ein leichtes gewesen, den Kopf zu schütteln und vielleicht noch bedauernd in seine Richtung zu schauen. Doch ich bückte mich schon und holte das kleine Lederetui hervor, in dem mein schöner Lamy steckte. Mit einem Gesichtsausdruck, der immerhin etwas von der Bedeutsamkeit meiner Geste ausdrücken sollte, reichte ich ihm den Füller. Er nahm ihn mir aus der Hand, ohne mich oder den Füller eines Blickes zu würdigen, murmelte »danke« und begann wie besessen auf einen kleinen Notizblock zu schreiben. In den großen Hörsälen stiegen die Sitzreihen wie in einem Amphitheater an. Jeder Stuhl hatte an der linken Armlehne einen schwenkbare Schreibfläche. Mein Nachbar war Linkshänder. Sein Ellenbogen berührte fast den Rand meiner Schreibfläche, und ich würde, wenn der Vortrag gleich begann, unmöglich meinen eigenen Füller aufs Papier setzen können, weil für meinen rechten Ellenbogen nicht genug Platz da war.

Ich sah größere Schwierigkeiten auf mich zukommen, wurde nervös und bereitete mich darauf vor, mehr Raum für mich zu fordern, sobald die Vorlesung begann. Eigentlich wollte ich auch am liebsten auf der Stelle meinen Füller wiederhaben.

Am Rednerpult stand inzwischen ein etwa vierzigjähriger, korrekt gekleideter Mann. Aus einer teuren ledernen

Aktentasche holte er seine Unterlagen hervor. Dabei sah er auffallend häufig in meine Richtung, doch als ich seinem Blick folgte, merkte ich, daß seine Augen sich nicht auf mich richteten, sondern auf meinen Nachbarn. Der hatte, seit er meinen Füller in Empfang genommen hatte, nicht mehr von seinem Notizblock aufgeschaut, und ich begann mich zu fragen, wovon die vielen Sätze, mit denen er die Zettel vollschrieb, wohl handelten. Um einen Zusammenstoß mit dem hin und her fahrenden Ellenbogen zu vermeiden, saß ich kerzengerade und mit eingezogenem Bauch da. Ich wünschte mir nur, der Mann würde endlich mit seinem Vortrag beginnen, damit ich in Aktion treten konnte. Aber er wartete, bis auch der letzte Nachzügler einen Platz im Hörsaal gefunden hatte, und blickte unterdessen weiter auf den Haarschopf meines Nachbarn.

Es war der dritte Vortrag der Vorlesungsreihe, und er behandelte die Beziehung zwischen Hans Castorp und Clawdia Chauchat. An den Namen des heutigen Redners konnte ich mich nicht mehr genau erinnern; etwas wie Muden oder Uden hatte im Verzeichnis gestanden. Sehr gut erinnerte ich mich dagegen an die lange Publikationsliste unter seinem Namen und an sein relativ jugendliches Alter bei der Promotion.

Der Ellenbogen meines Nachbarn fuhr immer noch hin und her. Ich atmete auf, als der Mann am Rednerpult einen Studenten bat, die Tür hinter sich zu schließen. Ich tippte dem Schreiber neben mir auf die Schulter und wies ihn mit nach außen gekehrten Handflächen und einem hilflosen Gesicht auf die Beengtheit meiner Lage hin. Er sah mich verstört an, als hätte ich ihn aus tiefer Trance gerissen, blickte auf seine Ellenbogenspitze und dann auf meine Schreibfläche und sagte viel zu laut: »Oh, Verzeihung.« Ein paar Leute vor uns drehten sich um. Ich wurde rot wie sonst nur in der Kirche und verspürte den Drang, zu kichern und allen, die sich gestört fühlten, zuzunicken. Nichts reizt so sehr zum Lachen, wie eine Situation, in der man weder sprechen noch lachen noch sonst einen Laut von sich geben darf. Nur mühsam konnte ich das Lachen unterdrücken. Meinen Nebenmann störte das alles nicht. Er versuchte seinen Stuhl so zu drehen, daß auch für mich genügend Platz zum Schreiben blieb, und wenn ich den rechten Arm fest gegen die Rippen preßte, würde es wohl gelingen. Wir nickten einander zu, um den Kompromiß zu bekräftigen. Er beugte sich wieder über seinen Notizblock, und ich schaute zum Redner, der sich inzwischen als Stefan Duden vorgestellt hatte und das Thema seines Vortrages erläuterte.

Was es genau ist, weiß ich nicht, auch nicht, woher diese Eigenart kommt, aber sobald jemand den Mund zum Sprechen aufmacht, mag ich mir kein Wort des Gesagten entgehen lassen, auch wenn das Thema noch so banal ist. Ich klebe an den vorgetragenen Worten, vergesse alles um mich herum und fühle mich wie auf Reisen. Ich höre sehr wohl, was der andere sagt, kehre mich gleichzeitig nach innen, und in meinem Kopf kommt irgend etwas in Gang, ein Stolpern und Taumeln von Worten, ein Sich-Ineinanderhaken von Themen und Bildern, ausgelöst von beliebigen Worten des Sprechers und von ihnen auf ein Gleis gesetzt, auf das ich sie selbst nicht hätte setzen können. Jemand kann über den Anschluß eines Telefons an das Kabelnetz sprechen und dabei genau die Worte benützen, durch die ich plötzlich etwas vom Wesen der Familie begreife – um nur ein Beispiel zu nennen.

Das hat etwas Trügerisches, denn ich habe oft erlebt, daß mein Gesprächspartner immer mehr in Fahrt kam, weil ich ihn durch ständige Fragen und Kommentare ermunterte, nur ja weiterzuerzählen. Mir wurde dann klar, daß dieser Erzähler wohl glauben mußte, meine Begeisterung entspringe echtem Interesse für seine Geschichte, dabei war das, was mich faszinierte, vor allem jene Geschichte, die sich parallel dazu in meinem eigenen Kopf formte und die ich zu einem geschlossenen Ganzen abrunden wollte.

Je weiter Dudens Vortrag voranschritt, desto unruhiger wurde mein Nachbar. Ab und zu murmelte er etwas vor sich hin, immer so laut, daß die Zuhörer in der Reihe vor uns sich irritiert umdrehten. Es waren abfällige Bemerkungen, bei denen er zornig den Kopf schüttelte.

Obwohl mich das ärgerte, war ich zugleich neugierig auf das, was sich zwischen Stefan Duden und dem Studenten abspielte. Zweifellos kannten sie sich, auch wenn Duden seit Beginn des Vortrags nicht mehr in unsere Richtung geschaut hatte. Mein Nachbar dagegen sah nun seinerseits fortwährend auf den Sprecher und versuchte, durch Zungenschnalzen Dudens Aufmerksamkeit auf sich zu ziehen.

Ungefähr zehn Minuten bevor der Vortrag durch eine Pause unterbrochen werden sollte, sagte mein Nachbar plötzlich laut: »Nein, nein und nochmals nein!«, wand sich umständlich aus seinem Sitz, stopfte brüsk den Notizblock und den Füller in seine Manteltasche und zwängte sich durch die Reihe vor uns nach draußen. Ohne Duden dabei anzusehen, sagte er: »Mensch, hör doch auf. Ich weiß doch, was du in Wirklichkeit meinst, Stefan.« Den Namen betonte er so, daß man annehmen mußte, er wisse mehr über ihn und wolle aller Welt kundtun, daß Stefan in Wirklichkeit anders hieße.

»Da geht mein Füller«, schoß es mir durch den Kopf, als er die Hörsaaltür mit lautem Knall hinter sich zuschlug. Duden hatte ihm nachgeblickt, das Gesicht dann wieder dem Saal zugewandt und mit einem Lächeln vorgeschlagen, ein wenig früher Pause zu machen.

»In etwa einer Viertelstunde erwarte ich Sie dann alle wieder hier«, hatte er gesagt. Er selbst blieb über seine Papiere gebeugt am Pult stehen.

Draußen schaute ich mich um, ob ich den Studenten noch irgendwo sah, aber der Korridor war leer.

Nach der Pause blieb der Platz neben mir leer, aber als ich über den Oudezijds Voorburgwal nach Hause ging, sah ich ihn aus einer Seitengasse kommen. Er ging ungefähr zehn Meter vor mir, den Blick auf den Boden gerichtet, die Hände in den Taschen. Ich beschleunigte meine Schritte, denn jetzt bot sich die Gelegenheit, meinen Füller doch noch zurückzufordern.

Ob er mit dem Fuß an einem hervorstehenden Pflasterstein hängenblieb, konnte ich nicht sehen, aber ich sah, wie er plötzlich stolperte und mit der rechten Hand nach einem niedrigen gußeisernen Gitter griff. Obwohl er dort Halt fand, knickte sein linkes Bein ganz langsam ein, und er landete mit einem merkwürdigen Kniefall auf dem Boden. Dort blieb er mit gesenktem Kopf sitzen. Es sah aus, als betete er.

Ich rannte zu ihm hin und tippte ihm auf die Schulter. Schwerfällig hob er den Kopf und wandte mir das Gesicht zu. Er war totenblaß, auf seiner Stirn und Oberlippe standen ihm Schweißperlen.

»Kann ich dir helfen? Tut dir was weh?« fragte ich.

»Ich weiß noch nicht. Ich bleib' noch einen Augenblick so sitzen, warte.«

Ich überlegte, ob ich selber auch niederknien oder aufrecht neben ihm stehen bleiben sollte. Bei Liliputanern und anderen Kleinwüchsigen verspürt man immer den Drang, sich genauso klein zu machen wie sie, sich hinunterzubeugen, wenn man mit ihnen spricht, um sein Gesicht auf gleiche Augenhöhe zu bringen. Aber diesen Drang muß man unterdrücken, denn Liliputaner und andere Kleinwüchsige ärgert das, sie empfinden es als entwürdigend. Solche Gedanken gingen mir durch den Kopf, bis ich mir klarmachte, daß die Dinge hier anders lagen. Ich hockte mich neben ihn.

»Hast du dir weh getan?« fragte ich.

Er schüttelte den Kopf. Seine Hand lag noch immer auf dem Eisengitter, auf einer der hervorstehenden Spitzen, wie ich jetzt sah. Er hob den Kopf, folgte meinem Blick und grinste. Als ob es jetzt genug wäre, richtete er den Oberkörper auf, holte tief Luft und nahm die Hand von der Eisenspitze.

»Sieh mal einer an«, sagte er und zeigte mir seine Handfläche. In der Mitte war ein kleiner roter Fleck, aber die Haut war unversehrt.

»Schön«, sagte er, »wirklich schön. Ein richtiges Stigma. Symbolischer geht's wohl kaum.«

Er lachte spöttisch, und ich lachte mit. Ich mag Leute mit Sinn für Symbole, und ich ahnte, daß sein Lachen über das Stigma etwas mit seinem Verhalten gegenüber Stefan Duden zu tun hatte. Ich half ihm auf und wollte ihn gerade daran erinnern, daß er meinen Füller eingesteckt hatte, als er mir auf die Schulter schlug und sagte: »Theresa, Trost der Siechen, du verdienst einen Schnaps.«

So fand ich mich an diesem Nachmittag in einem kleinen Café in der Hoogstraat wieder, wo er sich mir vorstellte.

»Daniel Daalmeyer, Epileptiker. Zweiunddreißig, seit neun Jahren Epileptiker, die ersten sieben davon ausgesprochen aktiv, im Moment Epileptiker im Ruhestand.«

Er erzählte, er wisse selbst nie genau, ob er über irgend etwas gestolpert sei oder eine Absence gehabt habe, und um einem Anfall vorzubauen und nicht zu Boden zu stürzen, gehe er vorsichtshalber gleich in die Knie. Eigentlich sei das völlig unnötig. Die Medikamente würden immer besser, und richtige Anfälle, so wie früher, habe er schon seit zwei Jahren nicht mehr gehabt. Es komme ihm so vor, als habe sich zwar sein Kopf im Lauf der Jahre darauf eingestellt, daß er nicht mehr stürze, als weigere sich sein Körper jedoch, blind auf die Wirkung der Tabletten zu vertrauen. Er halte an seinen alten Gewohnheiten fest und habe nicht mit dem Gehirn gleichgezogen. Vor allem die Beine entpuppten sich als mißtrauisch und unbelehrbar. Sie verstünden wenig von seinen Stimmungen, und für sie sei schon die kleinste, unbedeutendste Emotion ein Vorbote des Sturzes. Jedes Angstgefühl und jegliche

Aufregung würden von seinen Beinen in einen Topf geworfen und als Signal zum Einknicken verstanden.

Am Anfang unserer Unterhaltung hatte Daniel einen erschöpften Eindruck gemacht, aber während des Erzählens begannen seine Augen mehr und mehr zu glänzen, und seine Stimme wurde klarer und vor allem lauter.

Er sprach von seiner Krankheit wie von einem eigensinnigen Wesen, das sich ihm eines schönen Tages ungebeten angeschlossen hatte, um ihn nie wieder zu verlassen. Auf seine Art hatte er es ins Herz geschlossen. Er war durch dieses Wesen zu einem Menschen geworden, den er mit Staunen und Neugier betrachten konnte, weil sein eigenes Verhalten für ihn unvorhersehbar geworden war. Es kam vor, daß er sich in unbekannten Räumen wiederfand, umgeben von besorgten Menschen, die er nie zuvor gesehen hatte. Solche Dinge widerfuhren ihm einfach, aber der große Organisator dieses Geschehens befand sich nicht außerhalb seiner selbst, sondern in seinem eigenen Innern. Er liebte dieses Wesen bedingungsloser, als er je einen Menschen geliebt hatte. Ohne eine Spur von Neid gönnte er ihm das Vergnügen, seinen Spott mit ihm zu treiben, seine Nerven hinters Licht zu führen und mit seinen Muskeln Schabernack zu treiben. Sorgfältig inszenierte es da drinnen seine Possen, wenn auch die Medikamente dafür gesorgt hatten, daß sie jetzt nicht mehr über kleine Wettkämpfe falscher Bewegungen hinauskamen.

»Es ist eine giftige kleine Elfe, und manchmal stell' ich mir vor, wie sie auf meiner Hypophyse sitzt und sich mit schallendem Gelächter auf die Schenkel schlägt. Noch nie hat jemand so viel Spaß an mir gehabt, das kann ich dir sagen. In den letzten Jahren allerdings weniger, da gab's mit mir nicht mehr so viel zu erleben. Es ist verrückt, aber manchmal find' ich es richtig schade. Die Medikamente sind ein Segen; gleichzeitig haben sie etwas kaputtgemacht zwischen der Elfe und mir. Manchmal hab' ich Angst, sie haben ihr den Garaus gemacht und sie ist verschwunden, aber an Tagen wie heute weiß ich, daß sie noch lebt und daß ihr Sinn für Humor nichts an Originalität eingebüßt hat. Ich bin verliebt in die Fallsucht«, sagte er, aus vollem Halse lachend, fügte noch ein »Lang lebe die Epilepsie!« hinzu und ging ein weiteres Bier für sich und einen Rotwein für mich holen.

Manchmal, wenn ich jemanden kennenlerne, stelle ich mir die Frage, ob ich mich in ihn verlieben könnte. Damit ist der Fall allerdings auch schon erledigt, denn dann passiert es nicht mehr. Daniel Daalmeyer war schön, auf eine Art, die ich erst durch die Augen anderer Frauen sehen gelernt habe. So wie andere im Lauf ihres Lebens lernen, moderne Kunst, Gedichte oder afrikanische Fruchtbarkeitsskulpturen schön zu finden, so hatte ich erst lernen müssen, männliche Schönheit wahrzunehmen. Bis dahin hatte mir der Blick dafür gefehlt.

Von dem Tag an, da ich in eine gemischte Schulklasse kam, hatten meine Freundinnen mich jedesmal darauf aufmerksam machen müssen, wenn jemand in mich verliebt war. Ich selbst merkte es nicht, denn ich beachtete die Jungen in der Klasse kaum. Meistens war ich in den Lehrer verliebt. Lehrer waren selten schön, aber sie wußten viel und hatten Bücher gelesen. Da es heimliche Lieben waren, die ich meinen Freundinnen verschwieg, konnte ich ihnen auch nicht erklären, warum ich mich meinerseits nicht in die Jungen verliebte, die in mich verliebt waren. Er hat doch so schöne Augen, sagten sie, so hübsche Locken, so ein niedliches Lachen. Da erst sah ich, daß der betreffende Junge in der Tat all das besaß, was die Mädchen mir beschrieben hatten, aber das half ihm in meiner Gunst nicht weiter. Für mich war er nun einmal nicht begehrenswert, denn er hatte einen Makel: Er war jung.

Daniel hatte dunkelblondes glattes, in der Mitte gescheiteltes Haar, das ihm bei jeder Kopfbewegung ins Gesicht fiel. Wenn es ihm wie ein Vorhang über die Augen hing, strich er die schweren, auseinanderfallenden Strähnen mit einer Hand nach hinten, wo sie einen Augenblick auf seinem Gesicht ruhten, um dann wieder nach vorn zu fallen. Sein Gesicht war schmal und seine Züge von großer Regelmäßigkeit. Die vorstehenden Backenknochen und die leicht mandelförmigen Augen gaben ihm ein indianisches Aussehen, wozu auch sein makelloser goldfarbener Teint einiges beitrug. Daniel Daalmeyer war schön, sehr schön sogar, aber Daniel Daalmeyer war jung.

Jung ist kein Wort, das sich auf das Alter bezieht, denn Daniel war älter als ich. Jung ist ein Urteil.

»Erzähl weiter«, sagte ich zu Daniel, als er mit den Getränken zurückkam. Was er über seine Krankheit berichtet hatte, bezauberte mich, und das Bild von der Elfe gab mir zu denken. Ich war inzwischen schon wieder damit beschäftigt, Klarheit über etwas zu erlangen, was ich unbedingt verstehen wollte.

Mit vierundzwanzig Jahren hatte er seinen ersten Anfall

gehabt. Er studierte Medizin, besuchte Abendkurse für Malerei an der Rietveldakademie, spielte in einer Theatergruppe und war unglücklich. Er fühlte, daß er alles werden konnte, was er wollte, und er konnte sich für nichts entscheiden. Praktischer Arzt, Chirurg, Psychiater, Maler, Schauspieler, Regisseur – worauf er sich auch stürzte, es kam ihm vor, als könne er auf allen Gebieten Großes leisten, wenn er es nur fertigbrächte, sich zu entscheiden. Operieren, Malen, Schauspielern – alles fiel ihm gleichermaßen leicht. Ein Gefühl der Sinnlosigkeit beherrschte ihn, denn was er studierte, kannte er bereits. Sein Leben glich einem Glas voll glitzernder Scherben, in dem er nur Fragmente seiner selbst erkennen konnte, nie die ganze Person. Er hatte nur einen Wunsch: ganz zu werden, sich zusammenzufügen, seinen Mittelpunkt zu finden.

»Und dann kam sie.«

Die Epilepsie war seine Rettung gewesen. Seit er sie hatte, drehte sich sein Leben nur noch um sie. Sie machte ihn zu einem Mann aus einem Guß. Sie ließ verschmelzen, was bis dahin als Alternative vor ihm gelegen hatte: die Heilkunde und die Kunst. Er interessierte sich jetzt nur noch für Philosophen und Schriftsteller, die etwas über Krankheit zu sagen hatten, las Biographien und Autobiographien aller möglichen Leute, die an irgendwelchen Behinderungen gelitten haben, studierte medizinische Enzyklopädien von der ersten bis zur letzten Seite und genoß besonders die Theorien über seine eigene Krankheit, verschmähte aber auch solche über andere nicht. Als Epileptiker war er zum Brennpunkt seines eigenen Lebens und zu seinem wichtigsten Studienobjekt geworden.

»Und du, Theresa? Hast du nicht auch irgendein nettes Leiden?« fragte er plötzlich. »Das würde mich ungemein für dich einnehmen.«

Ich errötete. Warum? Wollte ich ihn überhaupt für mich einnehmen? Befremdete es mich, als ›Theresa‹ angesprochen zu werden, obwohl ich ihm laut und deutlich meinen Namen genannt hatte? Oder fühlte ich mich von seiner Frage überrumpelt? Störte sie mich in meinem Hörgenuß und durchkreuzte noch obendrein mein Vorhaben, ihn bei nächster Gelegenheit nach seiner Beziehung zu dem Mann zu fragen, der heute den Vortrag über den *Zauberberg* gehalten hatte?

Vielleicht hatte ich dem poetischen Reiz der Epilepsie auch einfach nichts entgegenzusetzen. Jede andere Krankheit fiel kläglich dagegen ab, und ich war kerngesund. Ich war zwar seit meinem achtzehnten Lebensjahr bei einem Hautarzt in Behandlung, aber meine Hautprobleme hatte ich nie als eine Krankheit empfunden, höchstens als Belästigung.

»Nein«, erwiderte ich, »in mir drin stimmt alles, nur außen dran nicht.«

»Herrlich!« rief Daniel laut. »Krätze, Ekzem, Schuppenflechte, Akne, Quaddeln, Geschwüre, Warzen, Hämorrhoiden, Juckreiz, abschilfernde Haut: Hautkrankheiten, die Fehler in der Oberfläche des Gewebes – eine hochinteressante Sache. Im Ernst«, setzte er hinzu, als ich ihn erstaunt ansah.

»Hautkrankheiten sind ganz typisch für den innerlich gespaltenen Individualisten, ach, was sag' ich, für den Hyperindividualisten: Darüber ließe sich viel sagen. Sie sind mindestens so rätselhaft wie die Epilepsie, nur von den Philosophen etwas spärlicher bedacht. Aber jede Menge Metaphern, Mythen und Spekulationen gibt es dazu. Ich hab' mich schrecklich über die gute Susan Sontag geärgert. Da zieht sie gegen die Krankheit als Metapher zu Felde, als wäre Krankheit selbst nicht schon schlimm genug. Das einzige, was Krankheit lohnend macht, das ist die Kristallisation des Ich in einer umfassenden Bildersprache. Nur durch Metaphern wird Krankheit zum Erlebnis, nur so findet man sich in einer Gesellschaft wieder, in die man sonst nie geraten wäre, nämlich in der von Engeln oder Teufeln je nachdem.«

»Und zu welcher Kategorie gehöre ich?«

»Hör zu, in gewisser Hinsicht stehen wir beide nach der Logik unserer Krankheiten in diametralem Gegensatz zueinander. Auf der einen Seite der verborgene, dunkle Mechanismus des Gehirns, auf der anderen die unverfrorene, exhibitionistische Sichtbarkeit der Haut. Wir, die Epileptiker, sind auf die Gnade unserer Umgebung angewiesen. Im Grunde darf es uns nicht kümmern, was andere von uns denken, denn wenn es sein muß, kehren wir schamlos unser Innerstes nach außen. Wer sich zu viele Gedanken darüber macht, wie sein Anblick auf andere wirkt, der Anblick seiner zuckenden Glieder, seines verzerrten Gesichts, der schaumbedeckten Lippen und der verdrehten Augen, der sollte sich lieber eine andere Krankheit aussuchen, denn dann ist er mit der Epilepsie übel dran. Man muß ja letzten Endes darauf vertrauen, daß immer jemand da ist, der einen auffängt oder vom Boden aufsammelt, wenn man fällt.

Das Komische an der Sache ist, daß bei uns der Schein trügt, so wie bei jeder Krankheit der Schein trügt. Was eine geheimnisvolle, rätselhafte Krankheit zu sein scheint, ist in Wirklichkeit eine Krankheit, die sich völlig ungeniert mit einem Riesentamtam zur Schau stellt. Gegen unseren Willen legt die Epilepsie unser Innerstes schamlos vor aller Öffentlichkeit bloß. Da bleibt nichts verborgen. Ja, und das genaue Gegenteil dieser theatralischen Krankheit mit ihrer unsichtbaren Quelle sind die Krankheiten der Haut, also des Äußeren. Eine Hautkrankheit steht ja eigentlich, um noch mal das Bild vom Theater zu bemühen, permanent im Rampenlicht. Wenn du das Gesicht voller Pickel hast, dann ist das eine nicht abwaschbare Schminke. Die Krankheit des Äußeren gibt sich unmittelbar preis, da gibt es wenig zu verstecken. Und doch ist diese weithin sichtbare Schädigung des Panzers bekanntlich die typische Krankheit extrem verschlossener, mißtrauischer Menschen. Wer glaubt, Hautleiden entstünden dadurch, daß die Schlechtigkeit der Welt allzu leicht durch eine dünne, überempfindliche Haut nach innen dringt und daß der Patient sich nicht gegen schädliche äußere Einflüsse zur Wehr setzen kann, der irrt gewaltig. Auch hier ist nämlich genau das Gegenteil der Fall, Theresa. Hautleiden treten gerade bei solchen Leuten auf, die sich gegen die Welt panzern und ihrer Seele eine so dicke Hornhaut verpassen möchten, daß niemand mehr wirklich an sie herankommt. Menschen mit Hautkrankheiten stoßen ihre abgestorbenen Zellen nicht ab, sondern züchten sich systematisch eine Elefantenhaut an, und die ist dann der ideale Nahrboden für Geschwülste, Entzündungen, Hautjucken, Quaddeln und Pusteln. Die Haut ist so dick, daß sie alles, was sich darunter regt, alles, was Luft und Platz braucht, an der Entfaltung hindert und erstickt. Was also eine offen zutage liegende, äußerliche, unverhüllte Krankheit zu sein scheint, befällt gerade den, der sich verhüllt, so gut er kann. Und so eine bist du auch, eine verschleierte Frau. Stimmt's oder stimmt's nicht?«

Ich war so verblüfft über diese Interpretation der Krankheit, daß ich gar nicht darüber nachdenken konnte, ob sie stimmte oder nicht. Das Wort Schleier entzückte mich, und ich freute mich fast, eine Krankheit zu haben, an der es so viel zu analysieren gab. Wo stand das alles geschrieben? Wie kam man zu dieser Art von Wissen? Ich fragte Daniel danach, ich fragte ihn nach Titeln und Autoren, nach Professoren, bei denen ich Medizinvorlesungen hören konnte.

»Das Buch, in dem das alles steht, gibt's noch gar nicht«, erwiderte er, »es wäre das Resultat meines Lebens als Epileptiker, und der einzige, der es schreiben könnte, bin, fürchte ich, ich selbst. Durch alle Krankheitsgeschichten, die ich so gierig verschlungen habe, ist mir das Paradox des Kranken klargeworden. Den Kranken scheint immer das umzuwerfen, was er gerade gebraucht hat, um seinen verwundbarsten Punkt zu schützen. Hegels List des Lebens ist die Blaupause der Geschichte des Kranken.«

Unsere Gläser waren wieder leer, und in der Kneipe wurde es voller. Ich fragte Daniel, ob er noch ein letztes Bier wolle, ging nach vorn und mußte mich, an die Theke gelehnt, erst einmal von seinem nicht abreißenden Redestrom erholen. Er konnte offenbar noch stundenlang so weitermachen. Er selbst genoß seine eigenen Ausführungen nicht weniger als ich, und manchmal hatte ich den Eindruck, daß er während des Redens neue Zusammenhänge entdeckte und, von seinen eigenen Einfällen begeistert, der Wahrheit über das, was ihn am meisten beschäftigte, immer näherzukommen glaubte: der Wahrheit über Daniel Daalmeyer.

Als ich mit Wein und Bier an den Tisch zurückkam, wirkte er plötzlich wie erloschen, und das Gespräch kam nicht wieder richtig in Gang. Er hatte den Faden seiner Geschichte verloren und fand nicht mehr in den Rhythmus zurück, der ihn so mitreißend hatte erzählen lassen. Wir unterhielten uns noch eine Weile darüber, wie lange wir schon studierten und was wir sonst so taten, und tauschten unsere Adressen aus. Es stellte sich heraus, daß er nicht weit von mir entfernt wohnte, und er lud mich für das Wochenende zum Essen ein. Als ich mein Notizbuch herauszog, fiel mir mein Füller wieder ein.

»Du mußt doch noch irgendwo meinen Füller haben«, sagte ich und schämte mich ein bißchen. Wieder erinnerte ich mich an den Vorfall im Hörsaal, an sein unverständliches Verhalten gegenüber Stefan Duden, doch die Gelegenheit, ihn danach zu fragen, hatte ich verpaßt.

Es war Viertel vor sieben. Von meiner Wohnung bis zu Daniel Daalmeyer würde ich nach meiner Schätzung eine Viertelstunde brauchen. Ich konnte die Abkürzung über den Haarlemmerdijk zum Bickerseiland nehmen und dann in aller Ruhe das ehemalige Lagerhaus suchen, von dem Daniel geredet hatte.

Daß man als Frau möglichst zehn Minuten bis eine halbe Stunde zu spät zu einer Verabredung mit einem Mann erscheinen sollte, wußte ich damals noch nicht. Ich kam immer pünktlich.

Ich war gespannt, wie seine Wohnung aussehen würde und was für ein Essen er wohl gekocht hatte. Solche Dinge können einiges über einen Menschen sagen.

Nummer 162 war ein großes Gebäude mit dunkelgrünen Fensterläden, deren Farbe da und dort abblätterte. Nach den Klingelknöpfen zu schließen, wohnten mehr als zehn Parteien in dem Haus. Ich suchte Daniels Namen. Mein Blick glitt die Reihe der Namensschilder entlang und blieb plötzlich an einem Namen hängen, den ich kannte: Duden.

»So ist das also«, dachte ich, obwohl ich gar nicht wußte, um welchen Zusammenhang es hier ging. Der Name rief eine seltsame Spannung in mir wach, die gleiche Spannung, die ich schon im Hörsaal gespürt hatte und die ich mir nicht erklären konnte.

Unter Duden standen die Buchstaben DD, ohne Punkte. Da es ebensogut die Initialen von jemand anderem sein konnten, suchte ich die Schilder weiter ab, fand aber nirgends Daniels vollen Namen und klingelte deshalb bei DD. Die Weinflasche holte ich schon aus der Tasche. Als die Tür nicht gleich geöffnet wurde, mußte ich ein banges Vorgefühl unterdrücken. Vielleicht hatte ich den Klingelknopf nicht richtig gedrückt. Ich probierte es noch einmal und preßte den Daumen ziemlich stark auf den weißen Knopf. Zugleich lauschte ich angestrengt, ob ich das Klingeln hören konnte, was aber nicht der Fall war. Ich trat ein paar Schritte zurück und schaute an der Fassade empor. Dort, wo die Fensterläden offen waren, rührte sich nichts, und die geschlossenen Läden blieben zu.

Mit einem merkwürdigen Gefühl im Bauch drückte ich noch einmal auf die Klingel, wenn auch bereits entmutigt und fest entschlossen, gleich darauf wegzugehen, denn ich fühlte mich von lauter unsichtbaren Augen beobachtet. Und um nicht allzu lächerlich zu wirken, steckte ich die Flasche wieder in meine Tasche.

Hatte er unsere Verabredung vergessen? Hatte ich mich geirrt, und wir waren erst für nächsten Sonntag verabredet? War ihm plötzlich etwas dazwischengekommen, und er wußte meinen Namen nicht mehr, so daß er mich auch nicht im Telefonbuch finden konnte?

An eines hatte ich bisher nicht denken wollen, begann es mir jetzt aber in allen Einzelheiten auszumalen: daß Daniel sich in seiner Wohnung auf dem Boden krümmte, Schaum vor dem Mund, die Tür verschlossen und niemand in der Nähe, der ihm hätte helfen können.

Ich kann es einfach nicht ertragen, wenn die Dinge nicht so laufen, wie ich es mir vorgestellt habe.

Es ist, wie wenn man eine Treppe hinuntergeht und sich in der Zahl der Stufen irrt. Man denkt, es kommt noch eine Stufe, und auch die Beinmuskeln sind darauf eingestellt. Und dann ist man schon unten angelangt. Der Fuß landet mit einem Bums auf demselben Fleck, ein gewaltsames Aufstampfen, das die ganze Muskelspannung augenblicklich völlig lächerlich und überflüssig macht. Genauso fühlt man sich dann auch. So etwas macht mich rasend.

Ich sah noch einmal an dem Haus empor, drehte mich

dann um und wollte mich wieder auf den Weg machen, als ich jemanden »Hallo?« rufen hörte. Aus einem der Fenster schaute der Mann, der den Vortrag gehalten hatte.

»Ich wollte zu Daniel Daalmeyer«, rief ich. »Wir waren verabredet, aber er ist nicht da.«

»Augenblick«, sagte der Mann, und sein Kopf verschwand aus dem Fensterrahmen.

Gleich darauf ging die Tür auf. Ich trat in einen breiten, dunklen Flur. »Zweiter Stock«, rief er, und während ich noch nach der ersten Stufe tastete, machte jemand oben das Licht an. Auf dem zweiten Treppenabsatz stand Duden und wartete auf mich. Er streckte mir die Hand entgegen.

»Hallo, ich bin Stefan, freut mich. Meine Frau schaut gerade oben nach, ob Daniel nicht doch zu Hause ist. Möchtest du nicht inzwischen hereinkommen?«

Ich wußte nicht, wie ich mich verhalten sollte, und ich mag auch nicht, wenn Fremde sich meinetwegen zu viele Umstände machen. Aber in erster Linie bin ich neugierig, und so trat ich vor ihm in den Flur seiner Wohnung. Dort blieb ich stehen und wartete, bis er die Tür hinter sich zugemacht hatte und mir ins Wohnzimmer vorausging.

Das Wohnzimmer war so groß wie ein Ballsaal und forderte bewundernde Ausrufe geradezu heraus, mit denen ich denn auch nicht sparte. Es war das reinste Jugendstilmuseum. Es hatte einen hellen Holzfußboden, und zwei der Wände verschwanden ganz hinter Bücherregalen. Wohin ich auch sah, überall waren Jugendstilornamente, an Möbeln, Tischen, Spiegeln, Lampen, Grafiken und kleinen Skulpturen auf Marmorsäulen.

»Schön haben Sie's hier«, sagte ich, »sehr ästhetisch.«

»Ja, wir sind auch ganz glücklich über die Wohnung.«

Die Situation war nicht dazu angetan, herumzugehen und alles genau zu betrachten, und so versuchte ich möglichst viel vom Sofa aus zu sehen, wo ich mich hingesetzt hatte. Duden fragte mich, ob ich etwas trinken wolle, und ich erwiderte, er solle sich meinetwegen keine Umstände machen.

»Wir mögen unerwarteten Besuch«, beruhigte er mich, »und Daniels Freunde wissen, daß sie auch bei uns jederzeit willkommen sind.« Um es mir leichter zu machen, zählte er die Getränke auf, zwischen denen ich wählen konnte. Campari. Er ging zu einem Nußbaumschrank mit Intarsien.

»Ich hol' nur rasch Eis aus der Küche«, sagte er und ging mit zwei gefüllten Gläsern hinaus. Die Wohnungstür wurde geöffnet und wieder geschlossen. Danach hörte ich eine Frauenstimme. Sie sprachen in gedämpftem Ton, so daß ich nicht verstehen konnte, was sie zueinander sagten. Das fand ich schade.

Noch ehe Duden mit den Getränken zurückkam, wirbelte eine schlanke Frau ins Zimmer, eilte mit energischen Schritten auf mich zu und bedeutete mir schon von weitem sitzenzubleiben. Sie begrüßte mich mit einem kräftigen Händedruck, stellte sich als Lisa vor und sagte, bei Daniel habe sich komischerweise niemand gemeldet.

»Das sieht DD gar nicht ähnlich«, meinte sie und versuchte, durch Reden zu überspielen, wie genau sie mich unterdessen musterte.

»Wenn er sich schon mal verabredet, vergißt er das

eigentlich nie. Ich weiß auch nicht, was los ist. Kennt ihr euch schon lange?«

Etwas zu wortreich erklärte ich ihr, daß ich Daniel erst kürzlich kennengelernt hatte, und ließ durchblicken, daß wir lediglich das gleiche Fach studierten und nichts anderes im Kopf hätten als Philosophie und ähnlich abgehobene Dinge.

Aus irgendeinem Grund hatte ich das Gefühl, sie beruhigen zu müssen.

Mit Frauen komme ich, glaube ich, nicht sehr gut zurecht. Sie verunsichern mich, und wenn ich mich unsicher fühle, sage ich lauter Dinge, von denen ich glaube, die andere würde sie gerne hören. Dann denke ich selber nicht mehr nach. Umgekehrt habe ich den Eindruck, daß die Frauen mich ihrerseits beruhigen wollen und ebenfalls Dinge sagen, von denen sie glauben, daß ich sie gerne höre. Dabei kommt natürlich nichts heraus.

Seit die Frau ins Zimmer getreten war, fühlte ich mich unbehaglich, als säße ich in der Falle. Was Daniel betraf, so fragte ich mich bereits nicht mehr, wo er stecken könnte und warum es mit unserer Verabredung nicht geklappt hatte, sondern vielmehr, wie er auf meinen Besuch bei Duden und seiner Frau reagieren würde. Ich hatte das Gefühl, er würde sich darüber ärgern.

»Was interessiert Sie eigentlich...«, begann ich vorsichtig.

»Dich«, unterbrach mich Stefan Duden.

»Verzeihung, ja... Was interessiert dich eigentlich so sehr an diesem Thomas Mann?«

»Wieso an *diesem* Thomas Mann?« fragte er und sah

mich freundlich lächelnd an. »Magst du diesen Thomas Mann denn nicht?«

»Ehrlich gesagt, nein«, erwiderte ich und dachte mir dabei, daß es mir nicht im geringsten schwerfallen würde, ihn mit ›Stefan‹ und ›Du‹ anzureden. Er war zwar Dozent, strahlte aber keinerlei Autorität aus. Er war zu jung dazu und hatte irgend etwas Braves, Einstudiertes an sich, so daß er noch immer wie ein Student wirkte. Man bekam richtig Lust, ihm endlich einmal ein saftiges ›Ungenügend‹ zu verpassen.

»Ich finde ihn so umständlich und weitschweifig. Die Romane langweilen mich, und was in seinen Essays steht, kann man woanders auch nachlesen, und zwar besser. Er ist auch so pedantisch. Meiner Meinung nach will er nur zeigen, daß er viel gelesen hat und all die Philosophien und Theorien auch anwenden kann. Ich finde die Romane nicht gut.«

»Ja«, sagte er, »den Einwand hört man öfter. Aber was Manns Bücher für den einen ungenießbar macht, ist für den anderen gerade das Reizvolle daran. Ich selber mag diese Verflechtung von Philosophie und Literatur, diese Vermischung verschiedener Textarten sehr. Mann führt uns vor Augen, wie ein Intellektueller während einer sehr prägenden Periode unseres Jahrhunderts mit dem Wissen der damaligen Zeit umging. Seine Romane sind ein Sammelbecken der Ideen des beginnenden zwanzigsten Jahrhunderts und spiegeln außerdem eine spezifische Form der Identitätsproblematik wider, die durch verschiedene historische Umstände bedingt ist. Natürlich hatte auch Mann selbst, als Person, enorme Probleme mit der eigenen

Identität, aber ich glaube, es ist ihm gelungen, das Persönliche auf eine höhere Ebene zu heben und seine eigene Identitätsproblematik in Weltliteratur zu verwandeln.«

Während Duden sprach, war Lisa aus dem Zimmer gegangen. Das beunruhigte mich, und ich hatte Angst, mich falsch verhalten zu haben. Im Umgang mit Paaren sollte man seine Aufmerksamkeit gleichmäßig verteilen. Ehe man sich's versieht, hängt man an den Lippen des brillanteren Redners, und der andere fühlt sich ausgeschlossen oder nicht ernst genommen.

Ich nahm mir vor, Lisa nachher gleich zu fragen, was sie mache. Ich war in der Tat neugierig darauf, aber alles zugleich geht nun mal nicht.

»Das Problem der Identität interessiert mich sehr, übrigens auch, wie es von anderen Autoren behandelt wird. Und Thomas Mann verbindet dieses Thema, finde ich, besonders gekonnt mit seinen drei Hauptthemen: Krankheit, Tod und Künstlertum.«

Lisa kam aus der Küche zurück und stellte ein Schälchen Oliven auf den Couchtisch.

»Das ist das Komische an Thomas Mann«, sagte ich. »Alles, was andere über ihn sagen, finde ich viel aufregender als seine Romane selbst. So geht es mir auch in der Vorlesung an der Uni. Beim Zuhören denke ich immer wieder, jetzt müßte ich den *Zauberberg* wirklich einmal ganz zu Ende lesen, denn Thomas Mann scheint darin alles anzusprechen, was mich auch beschäftigt. Aber wenn ich mir das Buch dann wieder vornehme, finde ich nichts davon. Spätestens nach zehn Seiten reicht es mir dann wieder. Ich schaff' es einfach nicht. Hast du auch mit

Literatur zu tun?« wandte ich mich unvermittelt an Lisa.

»Nein«, sagte sie und lächelte, »manchmal sieht es so aus, aber es ist doch etwas anderes.«

Sie sagte nicht, was es war.

Also fragte ich sie danach.

Sie war Psychotherapeutin.

Hat je ein Mensch begriffen, wirklich begriffen, weshalb man errötet? Und wer? Vielleicht werden manche nur deshalb Psychotherapeut, weil sie süchtig sind nach dieser panischen Beklemmung, die sie bei anderen auslösen, wenn sie ihnen sagen, was sie von Beruf sind.

Man hört manchmal, daß Leute nach einem schweren Unfall, wenn sie glauben, sterben zu müssen, ihr ganzes Leben in Sekundenbruchteilen an sich vorüberziehen sehen. So erging es mir jetzt, nur daß ich nicht mein ganzes Leben vor mir sah, sondern lediglich die kurze Zeitspanne, seit Lisa das Zimmer betreten hatte. Wie hatte ich mich verhalten? Was konnte man aus meinem Verhalten schließen? Was hielt sie von meinen abgekauten Fingernägeln? War meine Hand bei der Begrüßung zu feucht gewesen? Lachte ich zuviel oder zuwenig? War ihr klar, weshalb ich errötete?

Gerade als das Rotwerden so schlimm zu werden drohte, daß ich schon glaubte, mich entschuldigen zu müssen, trommelte jemand gegen die Wohnungstür.

»Da ist ja der verlorene Sohn«, sagte Stefan und erhob sich. Lisa war schneller und lief bereits zur Tür.

»Habt ihr die kleine Theresa gesehen?« hörte ich Daniel laut und halb lachend fragen. Lisa sprach leiser, und ich verstand nicht, was sie sagte. Ich bückte mich nach meiner

Tasche, stand auf, dankte Stefan für die freundliche Aufnahme und ging in den Flur hinaus. Er kam mir nach. Daniel stand in der offenen Tür und unterbrach Lisa mitten im Satz, um mich zu begrüßen.

»Kommst du mit?« fragte er und hielt eine Plastiktüte hoch. »Dinner für zwei.«

»Nochmals vielen Dank«, sagte ich und gab auch Lisa die Hand. Sie sah mich an, ohne eine Miene zu verziehen, was in mir ein unbehagliches Gefühl hervorrief und ihr in meinen Augen zugleich etwas Geheimnisvolles verlieh. Ohne Lisa und Stefan weiter zu beachten, drehte Daniel sich um und steuerte auf die breite Treppe zu.

Je unverschämter andere sind, desto stärker habe ich das Gefühl, selbst äußerst korrekt sein zu müssen. Ich nickte den beiden freundlich zu, sagte noch einmal »danke« und »Hat mich gefreut, euch kennenzulernen« und folgte Daniel, der bereits wartend auf dem nächsten Treppenabsatz stand, nach oben.

»War's schlimm?« fragte er mich, während wir weitergingen. Ich wußte nicht, ob er damit die unfreiwillige Wartezeit oder meinen kurzen Besuch bei seinen Freunden meinte, und gab keine Antwort.

Bevor er schwungvoll die Tür öffnete, hatte er mir gesagt, daß ich nach dem luxuriösen Jugendstilmuseum der Dudens ziemlich enttäuscht sein würde.

Enttäuscht ist nicht das richtige Wort: Enttäuschung hat mit hochgespannten Erwartungen zu tun, und es ist ein Unterschied, ob man Erwartungen hat oder einfach nur neugierig ist.

Daniel bewohnte, wie ich kurz darauf erfuhr, den Speicher von Lisa und Stefan. Der riesige Dachboden des einstigen Lagerhauses war durch Holzwände in Speicherräume unterteilt, die zu den einzelnen Wohnungen gehörten. Lisa und Stefan, »meine Wohltäter«, hatten Daniel ihren Raum zur Verfügung gestellt und dafür gesorgt, daß er auch den angrenzenden Speicher eines anderen Mieters benutzen durfte. Aus dem kahlen Raum hatten sie ein bewohnbares Zimmer machen lassen, etwa so groß wie die Ein-Zimmer-Appartements vieler Studenten in der Stadt.

Das alles hatte er mir etwas hastig erklärt, um dann schnell von anderen Dingen zu reden als von seiner Freundschaft mit Lisa und Stefan Duden. Ich mußte also auf mein taktisches Geschick vertrauen, um so viel wie möglich darüber in Erfahrung zu bringen, was diese drei Menschen miteinander verband. Ich kann da ziemlich hartnäckig sein, wenn es sein muß.

Was ihm häufig passierte, hatte sich natürlich auch diesmal wieder eingestellt: Er hatte vergessen, seinen Tablettenvorrat für das Wochenende aufzufüllen. Das war ihm, eine halbe Stunde bevor ich kommen sollte, aufgefallen, und er war noch schnell zu seinem Vater gefahren. »Der dichtende Doktor«, wie Daniel ihn nannte, war Psychotherapeut und zugleich einer seiner behandelnden Ärzte.

»Eine ungesunde Vater-Sohn-Beziehung«, sagte er, »das brauchst du mir nicht erst zu sagen. Ich hab' genug Freud intus.«

Sein Vater wohnte an einer der Grachten, in einem Haus, in dem auch seine Praxis untergebracht war. Seit er zu dichten angefangen und sich eine junge Freundin zugelegt hatte, setzte er keinen Fuß mehr vor die Tür.

Daniel konnte sich dort jederzeit seine Notration holen, hatte sich allerdings auch diesmal wieder anhören müssen, daß sein Vater ihn im Verdacht habe, die Tabletten absichtlich zu vergessen, krank sein zu *wollen* und ähnliches mehr. Das hatte seine ohnehin knappe Zeitplanung über den Haufen geworfen, und von einem bestimmten Moment an war ihm klar gewesen, daß er zu spät zu unserer Verabredung kommen würde.

»Und wenn es erst mal soweit ist, dann geb' ich's auf.«

Auf dem Rückweg hatte er noch zwei Pizzas gekauft. Er war sich sicher gewesen, daß wir einander nicht verfehlen würden. »Ich bin von Schutzengeln umgeben.«

Ich sagte ihm, das nächste Mal solle er, was mich betreffe, nicht ganz so fest auf ihren Beistand rechnen. Ich glaube, meine Stimmung war auf dem Nullpunkt angelangt. Ich mag Pizza nicht besonders.

Es standen nur wenige Möbel im Zimmer, aber was da stand, war antik. Wahrscheinlich ausrangierte Möbel seiner Eltern, dachte ich und stellte mir vor, wie es gewesen sein mußte, in so vornehmen Räumen aufzuwachsen.

In dem Dorf, in dem ich geboren bin, lebten größtenteils einfache Leute, so wie meine Eltern. Es gab nur wenige Honoratioren: den Bürgermeister, den Arzt, den Notar und ein paar Barone, die am Dorfrand ihre Schlösser hatten. Die Kinder der Honoratioren waren anders als wir. Sie rannten nicht, sie hielten sich gerade und schlugen sich seltener die Knie auf. Sie hatten auch anderes Spielzeug. Wir hatten Kreisel, Bälle und Gummibänder, sie hatten Diabolos, balancierten Bücher auf dem Kopf und bekamen später ein Pferd.

Unsereins spielte vom zehnten Lebensjahr an in der Musikkapelle des Dorfes, sie kriegten zu Hause Klavierstunden und hörten sonntags *Peter und der Wolf*. Zwischen uns lagen Welten, das sah man sofort. Aber wir waren in der Mehrheit, und aus unserer Zugehörigkeit zur Mehrheit bezogen wir unsere Stärke und unseren Stolz.

Im nachhinein erscheint mir das seltsam.

Auf der Universität trafen alle Honoratiorenkinder vom Lande zusammen, und nun bildeten *sie* die Mehrheit. Sie alle hatten ihre Bücher auf dem Kopf getragen, sie alle kannten *Peter und der Wolf* in- und auswendig. Sie hatten allerhand Geschichten über den Verfall der Aristokratie auf Lager, zum Teil sehr komische, je nachdem, wie sie erzählt wurden.

Jemanden wie mich hätte ich suchen müssen. Aber das tat ich nicht.

Jemandem wie mir wollte ich lieber nicht begegnen.

Der Minderheit anzugehören gab mir Kraft.

Verfall war ein Wort, dessen Bedeutung ich nicht begriff. Was hatten *wir*, das in Verfall geraten konnte? Nichts anderes als unseren Körper, doch das galt auch für sie. Der Tod macht keine Ausnahmen. Er ist für alle da. Aber das meinten sie nicht, wenn sie von Verfall redeten.

Daniel hantierte auf die gleiche Art mit Tellern, Besteck und den Pizzas, wie ich ihn vor Dudens Vortrag hatte schreiben sehen. Er kroch förmlich in seine Handlungen hinein, hielt den Blick starr auf die Gegenstände in seinen Händen gerichtet und schien alles um sich herum zu vergessen. So aß er auch: ein Pizzastück in der Hand, starrte er auf seinen Teller.

Essen verbindet sich für mich mit vielen Erinnerungen. Manchmal war ich froh, wenn ich es hinter mir hatte. So auch an dem Abend mit Daniel.

Erst als wir einander wieder gegenübersaßen, jeder mit einem Glas Wein in der Hand bequem in seinen Sessel zurückgelehnt, legte sich meine Gereiztheit wieder, und ich kam zur Ruhe.

Ich sah mir Daniel an und fand ihn schön. Im stillen wünschte ich mir einen Körper wie den seinen: groß und drahtig, schmale Hüften, breite Schultern, alles verpackt in eine straffe, glatte, gebräunte Haut. Vorhin, als er vor mir die Treppe hinaufgegangen war, hatte ich mich dabei ertappt, seine Art zu gehen nachzuahmen, die Lässigkeit, mit der er die Beine nach vorn schwang und den Oberkörper im Rhythmus seines federnden Ganges wiegte. Er hatte eine lederne Motorradjacke angehabt, die er dann achtlos über einen Stuhl geworfen hatte.

Ich fragte ihn, ob ich die Jacke einmal anprobieren dürfe.

Ich durfte.

»Die riecht richtig nach Mann«, sagte ich zu Daniel, denn es war mir peinlich, schweigend vor dem Spiegel zu stehen und mich darin zu betrachten. Ich fühlte mich in seiner Jacke stark und unangreifbar und nahm mir vor, mich bald nach genau so einer umzusehen. Dieser Plan hob meine Stimmung.

Daniel hatte kaum auf meine Kostümierung geachtet. Er hockte vor einem Stapel Papier auf dem Boden.

»Ich hab' ein bißchen recherchiert, Theresa«, sagte er.

Ich nahm wieder in einem Sessel Platz. Daniel setzte sich mit einem Artikel in der Hand zu mir auf die Armlehne und beugte sich vor, um mit mir zusammen einige Passagen zu lesen, die er zuvor angestrichen hatte. Es ging um Sprache, Krankheit und Denken. Jemand hatte eine Untersuchung an Leuten mit Hautkrankheiten durchgeführt, und Daniel meinte, er sei gespannt, ob ich mich in einer bestimmten Charakterisierung wiedererkennen würde. Er gab mir den Artikel in die Hand, und während ich las, lehnte er sich an mich, um mitzulesen.

Ich konnte mich kaum auf den Text konzentrieren.

Da stand etwas über die Vorstellung, ständig von aller Welt schikaniert zu werden, über irreale Unabhängigkeits- und Einzigartigkeitsgefühle und über die Qualen, die es hervorrief, wenn diese vermeintliche Individualität durch Autoritäten bedroht wurde. Die Tatsachen erschreckten mich, auch wenn der Jargon mir mißfiel. Ich hätte den Artikel gern ungestört und in aller Ruhe durchgelesen, ohne Hektik, mit der meine Augen nun über die Zeilen flogen. Als Leser ist man wehrlos.

Ich wollte Daniel von meiner Armlehne herunter haben, legte den Artikel auf seinen Sessel und sagte, ich fände es doch etwas weit hergeholt, die Seele wegen eines Pickels völlig umzukrempeln.

Anstatt beleidigt zu sein, lachte er nur und faßte mich unters Kinn. Er wollte mein Gesicht ganz nahe an das seine bringen. Ich wollte nicht.

»Nein«, sagte ich.

»Warum nicht?«

»Von Liebe hältst du doch nichts.«

»Wer redet denn von Liebe?«

Ich mußte lachen.

»Genau deshalb«, sagte ich.

Da lachte er auch.

»Doctora mystica«, sagte er, und damit war der Fall erledigt. Ich war froh, daß er nicht stundenlang in der Küche gestanden hatte, um ein schönes Essen für mich zu kochen, daß er mir nicht eine köstliche Speise nach der anderen aufgetischt hatte, stolz präsentiert in angeschlagenem Geschirr, rührend unbeholfen garniert, und mit einem Nachtisch zum Abschluß. Das hätte ich nicht ausgehalten. Dann wäre es viel schwieriger gewesen, nein zu sagen.

Über seine Freundschaft mit Lisa und Stefan erfuhr ich an dem Abend nicht viel mehr, als daß sie früher einmal ein schönes *Dreigestirn* bildeten, wie Daniel es ausdrückte.

»Sie liebt mich, weil ich krank bin, und er liebt sie am meisten, wenn sie jemanden liebt, der krank ist, und ob ich jemanden liebe, das frag' ich mich schon lange nicht mehr, also lasse ich es mir einfach gefallen. Die alte Geschichte, Dreiecksbeziehung, jede Liebe ist vermittelt und verlangt eine dritte Person, das Klischee der Begierde, es lohnt sich nicht, darüber nachzudenken.«

Mehr war nicht aus ihm herauszubekommen.

Genauso kurz angebunden antwortete er, als ich ihn nach seinem Vater fragte. Unwillig erzählte er mir, den alliterierenden Namen habe ihm sein Vater verpaßt.

»Und meine Schwester heißt Dana – du kannst dir also vorstellen, was für Gedichte er schreibt. Die Gefühle und Stimmungen, von denen da die Rede ist, kannten wir an ihm nur aus diesen Gedichten, und deshalb nahmen wir sie ihm auch nicht ab. ›Du würdest wohl gern erleben, was du in deinen Gedichten erlebst‹, dachte ich immer. Er möchte so gern selbst empfinden, was die armen Teufel empfinden, die zu ihm kommen mit ihren Geschichten über den kompletten Wahnsinn, mit ihrer überspannten Weltsicht und ihren verrückten Hirngespinsten. Aber der Mann traut sich ja nicht einmal allein auf die Straße und bringt natürlich erst recht nicht den Mut auf, die Kontrolle aus der Hand zu geben und sich dem Durcheinander in seinem Kopf zu überlassen.«

Daniel schaute mich an und sagte: »Genug jetzt über den Doktor, Theresa. Warst du mal bei einem Seelenklempner? Mein Vater würde bestimmt großen Eindruck auf dich machen. Frauen fliegen auf ihn. Sie erleben ihn als eine einnehmende, faszinierende Persönlichkeit, weil er so wenig redet, und wenn er etwas sagt, dann über ihre eigene Seele. Da stehen Frauen doch drauf: schweigsame Männer, die den ganzen Tag nichts anderes im Kopf haben als den weiblichen Seelenzustand. Stimmt's oder stimmt's nicht?«

Was soll man als Frau dazu sagen?

»Aber vielleicht würdest du ihn auch gar nicht mögen. Ihr habt zuviel Ähnlichkeit miteinander. Du kannst auch so schrecklich teilnahmsvoll zuhören.«

An dem Abend mit Daniel fühlte ich mehrmals Wut in mir aufsteigen, die eine Minute später wieder spurlos verschwand und große Erleichterung hinterließ. Ich wußte nicht, was ich von ihm halten sollte. Manchmal erschien er mir ganz gelöst, wie ein spottlustiges, in sich gekehrtes Kind, das sich in seinem Spiel verliert und mit argloser Selbstverständlichkeit von seiner Umgebung Fürsorge und Schutz erwartet. Dann wieder kam er mir vor wie ein desolater Dämon, der mit scharfem Auge die Welt betrachtet, mit fast animalischem Instinkt erfaßt, wie sie in Wahrheit beschaffen ist und deshalb die Menschen, die ihn umgeben, skrupellos für sich einspannt. Danach mußte er natürlich alle, die ihm halfen, insgeheim verachten, denn wer seine Tricks nicht durchschaute, war in seinen Augen ein Dummkopf.

3

Der Philosoph

Der Eingang von Hörsaal 211 lag ganz oben. Von dort schaute ich in die Tiefe auf einen Halbmond aus Stühlen und durchgehenden Tischreihen. Ich war reichlich früh dran, aber der Saal war schon mehr als zur Hälfte mit Menschen gefüllt. Sie wandten mir den Rücken zu, und ich konnte in aller Ruhe nachsehen, ob ich den Rücken von Daniel Daalmeyer erkannte. Ich wußte noch nicht, was ich tun würde, falls ich ihn wirklich entdeckte – auf ihn zugehen oder ihn meiden. Ich trug jetzt genau die gleiche Motorradjacke wie er und fürchtete seine spöttische, zweifellos scharfsinnige Interpretation meiner Anschaffung.

Immer mehr Menschen glitten durch die Tür an mir vorbei, und der Saal wurde allmählich voll. Ich gab die Suche nach Daniel auf und ging zur nächstbesten Reihe, in der noch niemand saß. Platz zu nehmen in einem Saal und dort sein, um einem Erzähler zuzuhören, ist an sich schon ein Genuß, den ich von früher kenne. Damals ging ich oft allein in die Kirche und setzte mich in eine Bank. Jeder versammelte sich dort, um mit derselben Sache allein zu sein. Es ist ein Ereignis, das mit nichts zu vergleichen ist. Vom Theater hatte ich es ursprünglich auch erwartet, aber im Theater spürte ich nichts. Und auch nirgendwo sonst; nur in der Kirche und im Hörsaal.

Die Vorlesung sollte um Viertel nach elf beginnen; um fünf vor halb zwölf war das Podium immer noch leer. Im Saal blieb es erstaunlich ruhig. Man hörte zwar leises Stimmengewirr, aber es wurde gedämpft von einer erwartungsvollen Stille, die ich bei Vorlesungen noch nie erlebt hatte. Hier kam man her, um zuzuhören, nicht zum Vergnügen oder um Leute zu treffen. Der Saal wartete auf den Mann, den Daniel einen Mythos genannt hatte, ein wahres Wunder an Eloquenz und Gelehrsamkeit.

»Er vertritt nicht einmal so sehr eine eigene Philosophie, aber innerhalb von zwei Stunden kann er dir Welten auftun, dich auf eine Fährte setzen, dich mit mehr Autoren und Büchern bekannt machen, als du in deinem ganzen Leben lesen kannst. Er stellt Zusammenhänge her zwischen den unterschiedlichsten Dingen, und trotzdem hat man immer das Gefühl, persönlich angesprochen zu sein, und zwar genau zu den Themen, mit denen man sich selbst gerade beschäftigt.«

»Und was macht diesen Philosophen zum Mythos?«

»De Waeterlinck ist ein Mensch, der einfach zum Mythos werden *muß*. Er ist schwer faßbar. Ich weiß nicht, wie er es schafft, aber er weigert sich, auch nur ein Wort zu Papier zu bringen. Seit er Professor ist, hat er keine Silbe mehr veröffentlicht, und es heißt, er hätte Himmel und Hölle in Bewegung gesetzt, um jedes gedruckte Exemplar seiner Doktorarbeit wieder an sich zu bringen, um sie alle zu vernichten. Sogar gegen die eigene Unterschrift scheint er einen Widerwillen zu haben. Seminarscheine unterschreibt er mit einem einzigen unleserlichen Krakel, und auch der sieht jedesmal anders aus.«

Durch eine Seitentür betrat De Waeterlinck jetzt das Podium. Ein paar Leute im Saal klatschten. Er war ein großer kräftiger Mann mit kantigem Kopf und dichtem grauem Haar. Ich weiß nicht, ob ich es schon erwartet hatte, seit Daniel mir von ihm erzählte, oder ob der Mythos seine Wirkung tat – jedenfalls sah ich ohne Verblüffung: De Waeterlinck hatte das Gesicht.

Es ist ein Gesicht, das er mit noch anderen Männern teilt, gleichsam ein einziges Gesicht, immer dasselbe. Ich kenne es und begegne ihm ab und zu: dem Gesicht eines Mannes mit Publikum – und ich, Teil dieses Publikums, will von ihm bemerkt werden. Er soll mich auserwählen von allen anderen, mich herausheben, zu etwas Besonderem machen, mich aus der Menge herausziehen, in der ich mich befinde und die mir von dem Augenblick an, da ich ihn gesehen habe, nicht mehr genügt. Ein Carmen-Syndrom. Weiß Gott, wo ich das herhabe.

Er nahm Platz am Tisch, räusperte sich und hieß uns willkommen. Ich traute meinen Ohren nicht, als ich ihn Flämisch sprechen hörte.

»Es freut mich, daß Sie auch diesmal wieder so zahlreich erschienen sind. Aber vielleicht sollte ich das gar nicht sagen. Wenn Nietzsche recht hat und Schmerz, Verzweiflung, Melancholie und bitteres Leid die Conditio sine qua non des eigenständigen Denkens sind, dann ist meine Freude womöglich fehl am Platz. Wer weiß, ob Sie nicht alle, wie Sie da sitzen, zutiefst enttäuscht sind und ständig das paranoide Gefühl haben, alle Welt wolle Ihnen Fallen stellen, Sie anlocken, um Ihnen dann die kalte Schulter zu zeigen, ob Sie sich selbst nicht vollkommen lächerlich finden und von den schrecklichsten Zweifeln an Ihrer Charakterstärke geplagt werden; ob Sie nicht auf Rache sinnen, um andere für ihren ewigen Verrat zu strafen. Das alles ist durchaus denkbar, oder nicht?

Aber trösten Sie sich: Sie sind in jedem Fall auf dem richtigen Weg, denn derselbe Nietzsche sagt, daß Ihnen all dies ohnehin nicht erspart bleiben würde, wenn Sie die Kunst des Denkens ausüben wollen. Beherrschen Sie sie erst einmal, verspricht er Ihnen höchstes Glück. Seien Sie mir aber bitte nicht böse, wenn ich mich Nietzsche hier nicht anschließe und Ihnen dieses Versprechen nicht gebe.

Ich verspreche Ihnen nicht das Glück. Ich verspreche nicht einmal, Ihnen die Kunst des Denkens beizubringen. Ich wüßte gar nicht, wie ich das anfangen sollte. Ich kann Sie höchstens mit den Männern bekannt machen, die sich selber zutrauten, anderen ihr Dasein zu erleichtern, aber viel mehr kann ich nicht tun. Die Bemühungen dieser Männer zeugen in meinen Augen von großem Edelmut, aber ihre Unterschiede und Widersprüchlichkeiten geben Ihnen womöglich eher das verzweifelte Gefühl, durch einen finsteren Wald philosophischer Ideen irren zu müssen, als daß sie Ihnen zu dem verheißenen Glück verhelfen. Ich will nicht, daß Sie sich verirren.

Wie gesagt, mehr, als Sie ein wenig durch diesen Wald zu führen, kann ich nicht tun. Um das Glück zu finden – sofern Sie noch daran glauben –, werden Sie andere Wege beschreiten müssen.«

Im Saal wurde leise gelacht. Nicht von mir. Das Gefühl, endlich gefunden zu haben, wonach ich schon Jahre vergeblich gesucht hatte, machte mich eher weinerlich und sentimental.

Kann man etwas suchen, ohne zu wissen, was es ist?

Ich suchte, ohne zu wissen, was.

Wenn ich es finde, erkenne ich es, ohne daß ich weiß, was es ist. Ich erkenne es, weil es mir stets in derselben Gestalt begegnet, in der gleichen Umhüllung, in Form von Worten, gesprochenen Worten des Mannes mit dem Gesicht oder gedruckten Worten auf Papier, hinter denen sich ebenfalls das Gesicht verbirgt. Der Mann und die Worte wecken ein Verlangen, das ich stillen und doch nicht missen will, das mich leiden läßt und das ich genieße, das ich ergründen und zugleich als Mysterium bewahren will. Manchmal denke ich, es ist das Leben selbst, dann wieder, es wären doch nur Worte und sonst nichts, und daß es ohne diese Worte nichts ist, nicht existiert.

Pause.

Die Zuhörer drängten aus dem Saal, in Richtung Cafeteria. Ich blieb sitzen.

Auch in der ersten Reihe blieben ein paar Leute sitzen, ältere Leute, wie ich jetzt sah. De Waeterlinck war die Stufen vom Podium heruntergekommen und schüttelte ihnen nacheinander die Hand. Er sprach mit ihnen, hörte ihnen zu, lachte sie freundlich an. Er war erreichbar.

Ich schaute. Ich war glücklich. Heute hatte etwas angefangen, das Bestand haben würde, etwas Besonderes und Einmaliges, woran ich jetzt schon, während es noch andauerte, zurückdachte.

Zwei ältere Männer waren aufgestanden, sie standen heftig gestikulierend neben dem Philosophen. Der eine, klein, schmal und braungebrannt, war fast kahlköpfig und hatte scharf geschnittene Züge. Er war einfach, aber äußerst sorgfältig gekleidet. Der andere war größer, kräftiger und ein bißchen korpulent. Sein langes graues Haar lockte sich bis in den Nacken, um den Hals hatte er ein buntglänzendes Tuch geschlungen. Unter seinem weiten, schlechtsitzenden Jackett leuchtete ein knallroter Pullover oder eine Weste hervor. Beide Männer trugen Brillen.

An der Art, wie sie da standen und ihr Gewicht bald auf das eine, bald auf das andere Bein verlagerten, erkannte ich, daß sie schlecht zu Fuß waren und trotzdem ihre stolze Haltung von früher zu wahren suchten. Sie mußten um die siebzig sein.

Es war ein rührender und zugleich komischer Anblick, wie sie den geduldig lächelnden De Waeterlinck umschwänzelten und sich gegenseitig das Wort streitig machten. Daß De Waeterlinck unentwegt lächelte und nickte, gefiel mir nicht. Zum Gesicht gehört eine gewisse Distanz. Nächstes Mal mußte ich mich weiter nach vorn setzen, um zu sehen, ob es echt war. Bei Gesichtern muß man streng sein.

Jetzt redete der schmale Mann. Er sah aristokratisch aus. De Waeterlinck schien aufmerksam zuzuhören und nickte dem Mann auch aufmunternd zu. Plötzlich aber sah ich, wie sein Blick blitzartig in den Saal schoß. Ich erschrak, das kam doch zu unerwartet, aber ich wußte, was ich zu tun hatte.

Er sah mich und richtete den Blick sofort wieder auf den

Sprecher. Kurz darauf schaute er wieder in den Saal, und jetzt war ich vorbereitet. Er schaute mich an. Ich schaute zurück. Es war eine Begegnung, der Anfang eines Spiels.

Ich hatte Zeit. Ich hatte für alle Dienstage des Winters 1982 eine Perspektive.

Man sieht das Gesicht nie zum ersten Mal. Das erste Mal ist immer schon unwiederbringlich vorbei. Es ist ein Männergesicht. Es wird nicht viel älter als fünfzig und bleibt dann so. Die Männer, die es haben, besaßen es schon als Kinder, das sieht man. Es ist ein widerspenstiges Gesicht. Zur Orientierung: Richard Burton hatte es, Ludwig Wittgenstein, Samuel Beckett, Lucas Asbeek und Witold Gombrowicz.

Und Marius. Bei Marius habe ich es zum ersten Mal berührt, gestreichelt und vielleicht auch geliebt. Ich war siebzehn, er achtundvierzig. Er unterrichtete Gemeinschaftskunde.

Er war der zweite Mann, von dem ich ein Philosophiebuch geschenkt bekam. Es war ein Taschenbuch mit Platons Dialogen. Er sagte, es gehe ihm vor allem um die *Apologie*, die müsse ich lesen, dann würde ich ihn besser verstehen.

Später haben mir viele Männer Bücher mit der Bemerkung geschenkt, nach der Lektüre würde ich sie besser verstehen. Sie erkannten sich in den Helden dieser Bücher wieder und waren überzeugt, ihnen zu gleichen.

Meist war dies ein Irrtum.

Zum ersten Mal lese ich die Geschichte von Sokrates' Verurteilung. Wenn ich Marius die Eingangshalle der Schule durchqueren und später vor der Klasse stehen sehe, dann sehe ich Sokrates.

Marius kann so über mich lachen, daß ihm die Tränen über das Gesicht laufen.

»Konnte Sokrates auch so lachen?« frage ich ihn. »Über ein Mädchen?«

Wenn er morgens in die Schule kommt, hat er Tränensäcke unter den Augen. Nicht vom Lachen. Ich folge ihm durch das Gebäude, so lange, bis sich die Gelegenheit ergibt, ihn irgendwo hineinzuziehen, wo ich ihn für mich allein habe: Toiletten, Besen- und Abstellkammern, Vorratsräume, leere Klassenzimmer.

»Du hast Kummer«, sage ich zu ihm und berühre seine Tränensäcke.

»Liebling«, sagt er, »was machst du nur? Was soll das? Was willst du denn mit einem alten Mann wie mir?«

Liebling – das hat noch nie jemand zu mir gesagt.

Das ist kein Dialekt, das ist Hochsprache!

Dann muß er lachen. Wir stehen zwischen Besen, Putzlappen und Eimern. Es riecht nach Vim. Er findet es spannend. Ich auch.

Ich komme immer öfter zum Unterricht zu spät.

Ich gehe morgens immer früher los. Er wartet im Auto auf mich, auf einem Parkplatz in der Nähe der Schule. Ich komme die zehn Kilometer von meinem Dorf mit dem

Fahrrad. Ich lasse das Fahrrad am Straßenrand fallen und laufe zum Auto.

Morgens ist er fix und fertig. Er lebt in Scheidung. Es ist das erste Mal, daß ich jemanden von Scheidung reden höre. In dem Dorf, in dem ich wohne, läßt man sich noch nicht scheiden. Scheidungen sind städtisch.

Wenn es kalt ist, läßt er den Motor laufen und reibt mir die klammen Finger. Manchmal legt er mir eine Decke über die Beine. Ich lasse ihn reden und in meinem Schoß ausruhen, streichle seinen Kopf und massiere sanft seinen Nakken. Er hat den kompakten Körper, der zu dem Gesicht gehört. Seit langem hat ihn niemand mehr berührt. Ich will ihm wohltun. Ich will ihn das Leid des vergangenen Abends vergessen machen.

»Du bist so haptisch«, sagt er.

Er gebraucht oft Wörter, deren Bedeutung ich nicht kenne. Ich muß sie zu Hause im Wörterbuch nachschlagen.

Er streichelt mich auch, ganz behutsam. Wenn er mich berührt, ist es, als suche er die Konturen eines Bildes, das er kennt und das er wiederfinden will. Seine Hände formen sich schon im voraus nach mir und finden mich dann. Ich passe gut hinein, in diese Hände. Sie machen mich ruhig. Ich bin ohne Furcht. Es sind Berührungen ohne Wildheit, ohne Begierde.

Er mußte mich niemals bitten, über uns zu schweigen. Ich bin daran gewöhnt, Geheimnisse zu haben.

Im Unterricht schaut er mich unentwegt an. Es ist, als rede er für mich allein. Alle merken es, aber niemand wagt mich darauf anzusprechen.

Nachdem seine Frau ausgezogen ist, sehen wir uns manchmal auch abends. Nach der Schule nimmt er mich mit in die Stadt, in die Hafengegend, wo er mir beibringt, wie man trinkt, oder in teure Restaurants, wo er mir beibringt, wie man ißt. Wein, Whisky, Weinbergschnecken, Froschschenkel, Coquilles St. Jacques, Hummer. Aber nicht er hat sie verursacht, diese unauflösliche Verknüpfung von Essen und Lernen, Essen und Männern, Essen und Liebe. Auch sie war schon vorher da.

Eines Tages sagt er: »Du bist sehr intelligent.«

Ich glaube ihm nicht. Intelligent ist das Wort meiner Brüder. Der ältere kennt das Konversationslexikon in- und auswendig, der jüngere denkt über die Unendlichkeit des Weltalls nach. Das bedeutet intelligent, es ist ein Jungenswort.

»Du wirst daran glauben müssen«, sagt er. Er erzählt mir, daß die Schule an einem Forschungsprojekt der Universität mitarbeitet und daß demnächst einige Psychologen zu uns kommen, um einen neuen Intelligenztest zu erproben. Er möchte, daß ich daran teilnehme. Er möchte, daß ich studiere, an der Universität, dort drüben, im Westen.

Ich denke, daß er mich loswerden will, und sage ihm, ich weigerte mich, an dem Test teilzunehmen; und auf die Universität wolle ich auch nicht. Ich sage ihm, daß ich das nicht könne und ich alles bestens so fände, bei ihm, und daß ich doch alles von ihm lernen könne. Er meint, er sei ein alter Mann, und ich müsse auch an die Zukunft denken, ich hätte mein Leben noch vor mir und könne alles tun, was ich nur wolle.

»Was würdest du denn am liebsten machen?« fragt er mich.

»Bücher schreiben«, sage ich leise, weil ich mich schäme.

Wenn ich das wolle, meint er, müsse ich fort von hier, fort von ihm, fort aus dem Süden. Ich müsse andere Männer kennenlernen, andere Städte sehen, den Dialog mit meiner Freiheit wagen, sonst werde aus dem Schreiben nichts.

Er bringt mich zum Weinen.

Als der Abend vorbei ist, fährt er mich nach Hause. Ich habe ihm versprochen, an dem Test teilzunehmen.

Der Test dauert einen ganzen Tag. Vor jedem neuen Abschnitt habe ich wieder Angst und bin schrecklich nervös. Marius sieht etwas in mir, was ich nicht bin. Er läßt sich von meinen Zensuren blenden, dabei bekomme ich nur deshalb so gute Noten, weil der Lehrstoff an dieser Schule so leicht ist. An einer anderen Schule wäre ich längst gescheitert, und mein Testergebnis wird es ihm beweisen.

Selbst ihn erschreckt das Ergebnis.

Die Psychologen haben eine Broschüre mit Namen von großen Gelehrten und Schriftstellern beigelegt. Hinter den Namen steht, welchen Prozentsatz der Weltbevölkerung sie repräsentieren.

Nach dem Test nennt er mich »mein kleiner Einstein«.

Er ist stolz. Ich nicht. Die komische Zahl wird mich in die Welt hinausjagen, fort von ihm. Ich behalte sie für mich wie eine Krankheit.

Nach De Waeterlincks erster Vorlesung versuchte ich, immer möglichst früh im Hörsaal 211 zu sein. Aber so früh ich auch kam, die alten Leute waren immer schon vor mir da und hielten die erste Reihe besetzt.

Ich wagte mich kaum in ihre Nähe und hielt in den ersten Wochen meterweit Abstand. Ich setzte mich jedesmal auf denselben Platz, damit ich den Blick auskosten konnte, den De Waeterlinck mir beim Eintreten zuwarf. Erst nickte er den Hörern in der ersten Reihe freundlich zu und schaute dann nach mir. Er suchte mich, und ich war da. Ich war immer da.

Ich schrieb kaum mit und starrte ihn unentwegt an, damit mir ja keiner seiner Blicke entging. Ohne auf das Papier zu schauen, versuchte ich, die Buchtitel, die Namen der Autoren und ein paar treffende Bemerkungen blind zu notieren. Ich entwickelte darin großes Geschick.

Manchmal denke ich, er meint uns. Er spricht über Ficinos Philosophie und bemerkt, wie wichtig der Blick für ein Gefühl von Liebe und Glück ist.

»Im Gegensatz zum Geschmacks- und Tastsinn«, sagt er, »verlangen Auge und Ohr Distanz. Auge und Ohr verbrauchen nichts, sie konsumieren nicht, sie fressen dich nicht auf. Auge und Ohr sind somit ihrem Wesen nach melancholisch und todessüchtig. Der Blick eines geliebten

Menschen kann dich bannen, doch während er dich bannt, macht er dich zugleich frei. Er verzaubert dich und läßt dich vor Liebe erschauern, aber es bleibt doch nur ein Blick aus der Entfernung. Er respektiert die Einsamkeit des anderen, hat Sinn für Andersartiges und ist sich zugleich selbst genug. Ficino knüpft ein unauflösliches Band zwischen Sehen, Liebe und Denken. Man muß einmal unsterblich verliebt gewesen sein, um mit dem Denken beginnen zu können.«

Die letzten Monate des Jahres nahmen die Färbung dieser Dienstagmorgenvorlesungen an. Wenn ich hinausging, sah ich mich jedesmal um, in der Hoffnung, De Waeterlinck auf freier Wildbahn zu treffen. Zu Hause in meinem Zimmer las ich die Bücher, über die er gesprochen hatte, doch diese Lektüre reichte nicht an die Art heran, wie De Waeterlinck die Texte abwandelte, sie mit anderen Texten mischte, seinen eigenen Senf dazugab und in seine seltsamen flämischen Laute umgoß.

Dienstagmorgens zog ich mich anders an als sonst. Seit Jahren trug ich keine Röcke mehr, und wenn ich doch mal einen anzog, kam ich mir vor wie ein Transvestit, wie als Frau verkleidet. Für die Vorlesungen war mir dieses eigenartige, unbehagliche Gefühl des Kostümiertseins gerade recht, und so tauschte ich zum ersten Mal seit Jahren Jacke und Hose gegen einen Rock, zu dem ich Nylonstrümpfe und Schuhe mit hohen Absätzen anzog. Ich fand mich sehr kühn und ging auch gleich ganz anders.

Die Neugier der älteren Hörer wuchs. Immer unverhohlener musterten sie mich, wenn ich den Hörsaal betrat oder in der Pause auf meinem Platz sitzen blieb. Eine der Frauen wurde immer frecher. Wann immer De Waeterlinck seinen Blick länger als gewöhnlich auf mir ruhen ließ, drehte sie sich voll zu mir um, folgte seinem Blick und schaute mich unverschämt an. Dieselbe Frau reichte De Waeterlinck in jeder Pause eine Papiertüte, die vermutlich ein Vesperbrot enthielt. Er nahm sie gleichbleibend dankbar an und legte sie dann beiseite.

Ich habe ihn in der Pause niemals Brot essen sehen.

Von meinem Platz im Saal aus schaute ich und schwieg. Einmal ging ich in der Pause mit den anderen nach draußen, als ich nicht wagte, einfach zu bleiben, wo ich war.

Einige Wochen vor den Weihnachtsferien merkte ich, daß meine Rolle anfing mich zu langweilen. Ich mußte etwas tun, wirklicher werden, näherrücken, Bekanntschaft schließen, sprechen, einen Namen kriegen. Mein Vorhaben machte mich so nervös, daß ich manchmal Herzklopfen bekam, wenn De Waeterlinck zu mir hersah. Zum ersten Mal suchte ich meine Zuflucht im Mitschreiben, so daß unsere Blicke sich nicht mehr so oft trafen.

So war es auch in der letzten Vorlesung des Jahres.

Es war bitter kalt, vor Glatteis war gewarnt worden. Ich ging an diesem Tag zu Fuß. Auf der Brücke, kurz vor dem Tor zum Universitätsgelände, sah ich, wie ein Taxifahrer einer der älteren Hörerinnen aus dem Wagen half. Er stützte sie am Arm und reichte ihr dann den Stock. Es war die große rothaarige Frau. Sie trug einen Pelzmantel. Mit vorsichtigen Schritten schlurfte sie unter dem Torbogen hindurch, und ich verlor sie aus den Augen. Der vordere

Teil des Eingangs war nicht überdacht, es mußte dort ebenso glatt sein wie überall.

Ich lief so schnell ich konnte zum Tor und überlegte, wie ich sie begrüßen und ihr meinen Arm anbieten sollte, aber als ich um die Ecke bog, sah ich, daß ihr schon jemand half – der Mann mit den langen grauen Haaren. Sie waren erst ein paar Meter vorangekommen, und ich verlangsamte meinen Schritt. Der Mann trug auf dem Hinterkopf eine Wollmütze und ging mit der Frau untergehakt. Sie konzentrierten sich voll auf ihre kleinen, zögernden Schritte und betasteten den Boden mit ihren Füßen. Einen Moment lang empfand ich so etwas wie Enttäuschung, weil ich die schöne Gelegenheit, Bekanntschaft zu schließen, entschwinden sah und auch nicht mehr daran glaubte, daß es mir aus eigener Kraft, ohne die Vermittlung der älteren Hörer gelingen würde, mich aus meiner eigenen Unerreichbarkeit zu lösen und mit De Waeterlinck in Kontakt zu treten.

Ich mochte sie nicht überholen und ging mit einer für mich ungewohnten Trägheit hinter ihnen her.

Bevor sie den überdachten Teil des Eingangs betraten, sah ich sie plötzlich beide wie auf einem Foto; der Eingang bildete den Rahmen. Das Bild erfüllte mich mit Mitleid. Sie waren alt, und sie wagten sich an einem Tag wie diesem vor die Tür, riskierten ihre spröden Knochen, ja Kopf und Kragen, nur um den Professor hören zu können. Hatten sie etwa mit siebzig noch immer die gleichen Fragen wie ich, noch immer Wissensdurst, noch immer Sehnsucht nach einer Stimme, die heller klang als der nörgelnde Widersacher im eigenen Kopf? Nahm es denn nie ein Ende?

Im neuen Jahr begannen die Vorlesungen wieder an einem trüben, nassen Dienstagmorgen im Januar. Ein kalter Regen fiel, und es war dunkel. Ich zog mir meine Lederjacke an und setzte meinen Hut auf. Es war ein brauner Herrenhut, ein Borsalino, den ich für wenig Geld ergattert hatte und der mir, kaum daß ich ihn zum ersten Mal getragen hatte, schon unentbehrlich geworden war.

»Des Menschen Kleidung ist sein Pneuma«, hatte De Waeterlinck in einer Vorlesung einmal gesagt. So hübsch das klingt, ich glaube es nicht. Schlag deinen Kragen hoch, setz einen Hut auf, und schon hast du, von einem Augenblick auf den anderen, die unnahbare Seele eines italienischen Mafiabosses. Mit Kleidern ist es wie mit Wörtern: Sie sind schon da, aus zweiter Hand, befrachtet mit Massenhaftigkeit und Geschichte, als Instrumente für das rein Persönliche völlig ungeeignet, sofern es das gibt.

Mit dem Pneuma von Don Corleone und meinem eigenen Hasenherzen ging ich zur Universität. Am Schwarzen Brett las ich, daß De Waeterlincks Vorlesungen nicht länger in Hörsaal 211 stattfanden, sondern in einen anderen Raum verlegt worden waren, im ersten Stock. Ich nahm die Treppe und ging nichtsahnend auf die Tür mit der bewußten Nummer zu. Ich dachte, daß alles beim alten geblieben war, daß alle Räume in diesem Gebäude identisch waren, aber als ich einen Blick durch die offene Tür warf, sah ich zu meinem großen Schrecken einen völlig anderen Raum. Die Reihen stiegen nicht an. In der Mitte des Zimmers stand ein Tisch, um den sich die alten Leute geschart hatten. Ich blickte dem Mann mit dem grauen Haar direkt in die Augen.

»Da ist sie ja«, sagte er und machte eine ausladende, theatralische Armbewegung.

»Was für ein prächtiger Hut, mein Kind. Prächtig. Setz dich hierher.«

Ich trat mit stillem Grinsen ein und setzte mich auf den Platz, den er mir angewiesen hatte. Die anderen Alten nickten mir freundlich zu und fingen alle gleichzeitig an zu reden, so daß ich kein Wort verstand. Der einzige, der schwieg und seine dünnen Lippen aufeinanderpreßte, war der kleine braune Mann. Er musterte mich mit einem durchdringenden Blick, ohne meinen genickten Gruß zu erwidern, und beugte sich wieder über sein Buch. Ich wagte niemanden länger anzusehen und ließ mich vom Redestrom des langhaarigen Mannes mitnehmen. Er verbreitete sich über meinen Hut und über die Art meines Eintretens.

»Ein prächtiger Auftritt, mein Kind«, sagte er, »unwiderstehlich, die geborene Schauspielerin. Ich bin ein verrückter alter Mann, aber ich habe Augen im Kopf. Wie du da hereingekommen bist, den Hut tief in die Stirn gezogen, das war unvergeßlich, einfach unvergeßlich.«

»Alter Spinner«, sagte die rothaarige Frau.

Eine andere Frau zog mich am Ärmel und meinte, ich solle ihn gar nicht beachten. »Der ist total meschugge«, sagte sie mit starkem deutschem Akzent. Sie hatte eine Haut wie Pergament, mit hellen Flecken auf den Wangen und etwas größeren Verfärbungen auf der Stirn. Es war die Frau mit den Vesperbroten. Sie saß mit dem Gesicht zur Tür. Am Aufleuchten ihrer Augen konnte ich sehen, daß in diesem Moment De Waeterlinck hereinkam. Ich setzte mich aufrecht hin.

Unser Tisch war an einen anderen Tisch angeschoben, hinter dem De Waeterlinck Platz nehmen sollte. Ich hatte ihn noch nie aus solcher Nähe gesehen. Ich konnte ihn fast riechen.

Er erschrak über meine plötzliche Nähe. Er sah mich erstaunt an, nickte mir zu und begrüßte dann die alten Leute.

Die Femme fatale braucht Distanz, wie jeder Mythos. Will sie unbedingt ein Mysterium sein, muß sie sich fernhalten von jenen, die sie mit ihrer Verschleierung verführen will. Hebt sie den Abstand auf und füllt die Leere mit ihrer eigenen Person, bleibt für den Mythenschöpfer nichts mehr zu ersinnen.

Meine Nähe war regelrechter Mord an der weiblichen Figur.

Ich heiße nicht Carmen, Rosa Fröhlich oder Nastasia Filippovna.

Mit diesen literarischen Frauen habe ich nicht im entferntesten etwas gemein. Aber selbst die Figuren, mit denen einen nichts verbindet, üben ihren subtilen Einfluß aus, und es gibt Augenblicke im Leben, da man nach einem uralten Szenario handelt und sich Dinge sagen hört, von denen man genau weiß, daß sie irgendwann schon einmal gesagt worden sind und ihre Wirkung getan haben.

Die Lebendigkeit der alten Leute hatte es mir erleichtert, das Szenario der letzten drei Monate loszulassen. Ich fühlte mich in ihren Kreis aufgenommen, und es machte mir nichts aus, daß ich nun nicht mehr vorhersagen konnte, wie es weiterging.

Professor De Waeterlinck ging zum Lichtschalter, machte das Licht an und setzte sich mit einem tiefen Seufzer an seinen Tisch. Wie in den früheren Vorlesungen hatte er auch diesmal kein Papier vor sich liegen.

Hinter der Frau mit dem deutschen Akzent waren zwei Studenten noch angeregt im Gespräch. Die Frau drehte sich um und befahl ihnen, zu schweigen. Sogar ihr »psssssst« klang deutsch.

De Waeterlinck wünschte uns ein gutes neues Jahr und meinte, heute seien wir ja ziemlich buchstäblich in Dunkelheit gehüllt.

»Trotzdem werden wir weiter nach einem Ausweg suchen. Man soll den Versuch nie aufgeben – es lohnt die Mühe.«

Jetzt, da ich so nahe bei ihm saß, konnte ich De Waeterlincks Gesicht studieren. Ich überlegte, ob ich mich nicht geirrt hatte. Fehlte da nicht etwas, das für das Gesicht absolut unverzichtbar war, von dem ich aber beim besten Willen nicht sagen konnte, was? Würde ich bei ihm finden, was ich suchte, etwas, wofür ich keinen Ausdruck hatte, was aber mit der Art zusammenhing, wie Marius damals mit mir umgegangen war?

Marius merkte sofort, wenn mir kalt war, zog seine Jacke aus und legte sie mir um die Schultern, ohne ein Wort darüber zu verlieren. Es machte Marius Freude, für mich Speisen auszusuchen, und er genoß es, mir dabei zuzuschauen, wie ich Bekanntschaft machte mit einem neuen Geschenk. Marius überschüttete mich mit guten Ratschlägen wie: »Du mußt dir ein dickeres Fell zulegen« oder »Du mußt auch lernen, über das Wetter zu reden.«

Marius sagte, ein Schriftsteller müsse allein sein können, in einem guten Roman hänge alles mit allem zusammen, moderne Literatur könne überhaupt nur noch die Sprache selbst zum Gegenstand haben, intelligente Menschen sollten niemals heiraten, man müsse sich in die Augen schauen, wenn man miteinander anstieß, und das zwanzigste Jahrhundert sei mit keinem anderen Jahrhundert zu vergleichen, weil Menschen erstmals auf dem Mond gewesen waren. Marius brauchte mich.

Die Frage war, ob De Waeterlinck unglücklich genug war, um meinen Trost ertragen zu können. Als ich ihn jetzt genauer ansah, begann ich daran zu zweifeln. In seinen Augen fehlte etwas, ein Sehnen, ein unstillbares Verlangen, die unverhüllte Panik, die ich in Marius' Augen stets gesehen und manchmal für einen Augenblick zum Verschwinden gebracht hatte. Mehr hatte ich nicht zu bieten, dachte ich, und wenn ich ihm dieses Wenige nicht geben konnte, dann war es sinnlos, von ihm auserwählt zu werden.

De Waeterlinck erzählte uns, wie er seine Weihnachtsferien verbracht hatte.

»Ich habe mir die Zeit mit den modernen französischen Philosophen vertrieben. Es sind ja wirklich feinsinnige, verschnörkelte Texte, aber mich beschleicht jedesmal das Gefühl, daß all das vor ihnen schon längst von Hegel und anderen Philosophen des neunzehnten Jahrhunderts gedacht worden ist. Vor allem Hegel muß von diesen französischen Exegeten ungewöhnlich herbe Schläge einstecken. Es ist manchmal richtig peinlich, das zu lesen. Ich weiß, daß die Franzosen sich hier an der Universität wachsender Beliebtheit erfreuen, aber ich hoffe doch, Sie sind in der Lage, die Philosophie eines Hegel etwa trotz aller plumpen Fehlinterpretationen nicht aus dem Auge zu verlieren und sie während Ihres Streifzuges durch all das moderne Gedankengut in sich entfalten zu lassen.

Ein wirklich origineller Geist will erneuern, und um erneuern zu können, muß Altes abgerissen werden, das ist klar. Aber was zum Abriß bestimmt ist, muß Gott sei Dank erst gründlich studiert und erkundet werden. So sollten auch Sie es halten. Ich persönlich bin nach zehn Jahren französischer Philosophie mehr denn je ein Freund des neunzehnten Jahrhunderts.« Er hielt einen Augenblick inne und fügte dann mit Nachdruck hinzu: »Und das bleibe ich auch!«

»Bravo!« rief der grauhaarige alte Mann und klatschte ein paarmal in die Hände. Dabei sah er mich lachend an und erwartete, daß ich in seine Begeisterung einfiele, was ich natürlich nicht tat.

Die alten Leute hatten alle Hefte vor sich liegen und hatten sich während De Waeterlincks Einführung eifrig Notizen gemacht. Den braunen Mann konnte ich von meinem Platz aus nicht sehen, ohne mich weit über den Tisch zu beugen. Das tat ich nicht. Ich fühlte mich von ihm überwacht. Übrigens sah ich jetzt das Buch liegen, in dem er bei meinem Eintritt gelesen hatte. Es waren Goethes Gedichte.

De Waeterlinck kehrte zum Thema seiner Vorlesung zurück – Schopenhauers Ästhetik. Ich war froh, daß er seine

Attacke gegen die französischen Philosophen einstellte und sie weiter in Ruhe ließ.

Ich war so tief beeindruckt von Foucault.

Ich war süchtig nach Foucault.

Manchmal träumte ich von ihm.

Vor ein paar Jahren hatte mein Freund, der Astrologe, mir von einem seiner Streifzüge durch Frankreich ein Buch mitgebracht. Er hatte sich von einem Freund beraten lassen, bei dem er in Paris oft wohnte. Foucault. *Die Ordnung der Dinge*, hatte der Freund gesagt. Seitdem war ich immer neugierig geblieben auf den Mann, der gerade diesen Philosophen für mich ausgesucht hatte.

Wie schon so oft dachte ich auch diesmal, mein Leben werde sich nach der Lektüre dieses Buches von Grund auf ändern. So etwas hatte ich noch nie gelesen. So etwas hätte ich gern selbst gedacht und geschrieben. Monsieur Foucaults Philosophie las sich so spannend wie ein Roman. Es war nicht klar, ob hier ein Dichter redete oder ein Philosoph.

Monsieur Foucault sprach meiner Generation aus der Seele, der Generation nach Monsieur Sartre oder den Herren der Frankfurter Schule. Die Seele, von der sie redeten, war schon recht aufgejahrt, als meine Generation sie notgedrungen erben mußte, weil es nichts anderes gab. Monsieur Sartre habe ich immer hochgehalten, weil er der erste Philosoph war, von dem ich ein Buch gelesen hatte. Und obwohl ich an der Sartreschen Seele schwer zu tragen hatte, hat sie mir doch auch viel Freude gemacht, denn es war eine moderne Seele, eine Seele des zwanzigsten Jahrhunderts. Jede andere Seele war in meinen Augen unzeitgemäß, und alles Unzeitgemäße schien mir dumm, also war ich stolz darauf, frei und verantwortlich zu sein und wunderte mich sehr, wenn jemand den Determinismus und früheres Gedankengut verteidigte, denn der Glaube an eine Art Untergang entsprach dem Glauben des zwanzigsten Jahrhunderts nicht mehr. Ich fragte mich, wie jemand so altmodisch sein konnte, und sagte mir dann meist, daß die Verteidiger des Determinismus die richtigen Bücher noch nicht gelesen hatten.

Verglichen mit Sartres Seele war die von Monsieur Foucault leicht und schwebend. Beschämt fand ich gelegentlich ein Verhalten beschrieben, das ich selbst an den Tag legte, Gedanken, von denen ich glaubte, sie seien spontan in mir entstanden, während Monsieur Foucault behauptete, man werde zu diesen Handlungen und Ideen durch Sprache und Wissenschaft unbemerkt gezwungen. Persönlichkeit war ebensosehr ein Mythos wie Monsieur Sartres Freiheit, und da ich nichts stärker begehrte, als eine Persönlichkeit zu besitzen, erleichterte es mich, zur Abwechslung einmal zu denken, daß es so etwas vielleicht gar nicht gab und ich mich anderen Dingen zuwenden konnte.

Ich war froh, daß ich bei Monsieur Foucault nicht so frei sein mußte wie bei Monsieur Sartre, und tauschte mit einem Gefühl der Erleichterung meine alte Seele gegen eine neue ein. So abwegig war der Determinismus dann auch wieder nicht.

Die Frau mit dem deutschen Akzent hatte schon ein paar Mal auffällig auf ihre Armbanduhr geschaut und tippte nun mit dem Fingernagel gegen das Glas, um De Waeterlincks Aufmerksamkeit auf sich zu lenken. Er verstand ihren Hinweis, nickte ihr zu und brachte seine Ausführungen zu Ende, so daß er eine Pause einlegen konnte.

Wie konnte er sich so kritiklos der Tyrannei einer Frau unterwerfen, fragte ich mich. Ließ er sich auf der Nase herumtanzen? War er ein Pantoffelheld? Schloß er, solange er unter Menschen war, fortwährend Kompromisse, so daß er danach alle Menschen meiden mußte, um sich vor ihrer Vereinnahmung zu schützen?

Jetzt, da ich aus nächster Nähe seine kurzen Blickwechsel, seine nervösen Tics (er zog die Muskeln um sein linkes Auge ständig zusammen, manchmal zitterte seine Unterlippe) und seine Fügsamkeit wahrnahm, verlor der Mythos, von dem Daniel gesprochen hatte, seinen Glanz.

De Waeterlinck war nicht schwer greifbar, er war nur allzu greifbar. Ich hoffte, es wäre nicht so, aber im Grunde hatte ich bereits genug gesehen. Und wenn ich recht hatte und er tatsächlich ein Mensch war, der der Welt weitgehend wehrlos gegenüberstand und sich verstecken mußte, um ehrlich sein zu können, dann war er ein Vertreter meiner Spezies; unsere Spezies hegt für ihresgleichen bestenfalls Mitleid, selten große Bewunderung.

Trotzdem war ich gespannt, was sich in der Pause tun würde.

Der Raum leerte sich. Der Mann mit dem langen grauen Haar stand auf und stellte sich mit einer tiefen Verbeugung und einer schwungvollen Armbewegung als Aaron Mendes da Costa vor. Die rothaarige Frau präsentierte er wie eine Mitspielerin in einem Theaterstück. Er wies mit der Hand auf sie und nannte sie »meine teure Freundin Katherina Riwalski«. Sie blieb sitzen, reichte mir aber lachend eine schmale Hand und entschuldigte sich, daß sie nicht aufstehen könne, weil ihre Beine nicht mitmachten. Den Namen der Frau mit dem deutschen Akzent sprach er falsch aus (»Ida«), worauf sie ihn mit einer Mischung aus Schärfe und Nachsicht korrigierte und sich mit einem kräftigen Händedruck selbst als Ilda Müller vorstellte. Dann tauchte sie in ihre Tasche, brachte eine Papiertüte zum Vorschein und ging zu De Waeterlinck. Ich bekam Angst, daß alles schiefgehen würde.

Der kleine Mann, der bei meinem Eintritt Goethes Gedichte gelesen hatte, war direkt auf De Waeterlinck zugegangen und stand nun mit dem Rücken zu uns. Es sah aus, als wollte er mich damit fernhalten. An seinen Schultern glaubte ich ablesen zu können, daß ihn der Lärm in unserer kleinen Gruppe ärgerte und daß er auch versuchte, De Waeterlinck den Weg zu uns zu versperren. Tatsächlich sprach der Mann, der Mendes da Costa hieß, in lautem Vortragston, amüsant und ohne Pause. Ab und zu schaute ich zu De Waeterlinck hinüber und sah, daß auch er über die Schulter des kleinen Mannes in unsere Richtung blickte. Dann richtete er seine Augen wieder auf den Mann, der dicht vor ihm stand, und ich schaute wieder auf Mendes da Costa.

Es wäre tatsächlich alles schiefgegangen, wenn Aaron Mendes da Costa nicht so großzügig gewesen wäre und weniger einfühlsam. Vermutlich hatte er von Anfang an gemerkt, daß ich mich immer wieder von seinem Vortrag ablenken ließ, um zu De Waeterlinck hinüberzuschauen, hatte aber die Offenbarung seiner hellseherischen Fähigkeiten noch ein Weilchen hinausgezögert, weil er die eigenen Worte zu sehr genoß. Kurz bevor die Pause zu Ende war, sagte er, er wisse genau, wonach mir der Sinn stehe. »Du brauchst mir nichts zu sagen, Kind, ich sehe doch, was los ist. Meine Geschichten langweilen dich, und du möchtest gern etwas anderes. Komm mit.«

Ununterbrochen redend ging er zu De Waeterlinck und dem kleinen Mann hinüber, wünschte ihnen ein gutes neues Jahr und stellte mich mit bravouröser Geste Guido de Waeterlinck vor, und dem Mann, der László Kovács hieß.

»Ich möchte gern einen Termin mit Ihnen ausmachen«, sagte ich zu De Waeterlinck. »Ich will bei Ihnen Prüfung machen.«

Nach der Vorlesung schlug Mendes da Costa vor, wir sollten alle zusammen Kaffeetrinken gehen, unten in der Cafeteria. Die anderen hatten ebenfalls Lust dazu, nur László Kovács ging nicht mit. Von da an besuchte ich bis zum Ende meines Studiums regelmäßig Professor De Waeterlincks Vorlesungen und verbrachte die Dienstagnachmittage in der farbigen Gesellschaft von Aaron Mendes da Costa, Katharina Riwalski und Ilda Müller. László Kovács verschwand eines Tages und kehrte nicht wieder.

Aaron wurde mein ältester Freund. Er war ein leidenschaftlicher Erzähler. Ganze Nachmittage lang konnte er das Wort führen, ohne sich dabei von jemandem unterbrechen zu lassen. Er begann seine Erzählungen stets mit der Ankündigung, dies sei eine lange Geschichte, erzählte dann einen bestimmten Vorfall und sagte schließlich: »Das war die Einleitung, Ende der ersten Episode.« Dabei machte er mit seinen eleganten Händen eine kreisende Bewegung, wie ein Dirigent, der den Takt schlägt. Danach folgte eine Anekdote, die sich um ein vollkommen anderes Ereignis drehte und die er mit den Worten »Ende der zweiten Episode« abschloß. Zuletzt erzählte er, vor lauter Begeisterung über den wunderbaren Plot seiner Geschichte meist viel zu hastig, die dritte Episode, in der die Personen aus der ersten und der zweiten einander zufällig trafen, wobei sich herausstellte, daß sie füreinander bestimmt waren. »Schöne Geschichte, was?« fragte er dann, und wenn ich nickte, sagte er: »Ja, Kind, ich hatte ein merkwürdiges Leben.«

Aarons Geschichten gingen immer gut aus.

László Kovács traf ich, ein paar Tage nachdem ich die alten Leute kennengelernt hatte, in der Universitätsbibliothek. Er kam mit einem Stapel Bücher unter dem linken Arm die Treppe hinunter, während ich hinaufging, um mindestens ebenso viele Bücher gegen andere einzutauschen. Ich hatte mir vorgenommen, noch in diesem Winter mein Vordiplom zu machen, und mit De Waeterlinck vereinbart, daß ich in zwei Wochen bei ihm die letzte mündliche Prüfung ablegen würde.

Kaum hatte ich den Termin gemacht, ging es mir besser. Ich hatte mich und die anderen aus der Starrheit gelöst, die der Phantast sich selbst und den Personen, die in seinen Phantasien eine Rolle spielen müssen, aufzwingt. So unvorhersehbar echte Träume sind, so unabänderlich ist alles, was am hellen Tag geträumt wird. Der Phantast verkörpert in seinen Phantasien immer dieselbe Figur: Held, Opfer, Femme fatale, Genie, Gebieter, und auch seinen wechselnden Gegnern hat er eine wenig variable Rolle zugedacht. Der Held erhält die Chance seines Lebens und wird von seinen Feinden bewundert, das Opfer erfährt Schweres, aber auch Trost, die Femme fatale wird schmerzlich begehrt und stürzt dann ihren Liebhaber ins Unglück, das Genie findet Anerkennung, der Gebieter einen Sklaven.

Nachdem ich jetzt alle kennengelernt hatte und den Zufall nicht mehr organisieren wollte, konnte das Leben wieder seinen eigenen unberechenbaren Gang gehen.

Kovács behielt die Treppe angestrengt im Auge und trat auf jeder Stufe mit beiden Füßen auf. Wenn ich jemanden vom Sehen kenne, kann ich nicht einfach grußlos an ihm vorbeigehen, und so sagte ich im Vorübergehen auf der Treppe auch ein paar Worte zu Kovács. Er sah verstört auf. Bisher hatte ich ihn immer nur redend oder zuhörend gesehen, und sein Gesicht hatte dabei einen ernsten, konzentrierten Ausdruck gehabt, manchmal auch etwas schroff und unwillig.

Er musterte mich mit einem kurzen, scharfen Blick, und um den schmalen Mund erschien ein erstauntes Lächeln. Das Lächeln veränderte sein Gesicht völlig, und ich empfand eine Riesenerleichterung, als hätte ich eine Prüfung bestanden.

»Szervusz«, sagte er und hielt mir die rechte Hand hin. In fast akzentfreiem, gepflegtem Niederländisch fragte er mich sofort, welche Bücher ich bei mir hätte und welche ich auszuleihen gedächte. Dann meinte er, ich müsse unbedingt auch das Buch lesen, das er selbst gerade zum zweiten Mal mit nach Hause nehme, eine äußerst amüsante Aufzählung von verheimlichten Untersuchungsergebnissen, Fehlinterpretationen und falschen Berechnungen, die in der Wissenschaft zu großen Entdeckungen geführt hätten.

Verwundert über die Begeisterung, mit der er mir Fragen stellte und von seinen eigenen Lesegenüssen erzählte, lehnte ich mich eine Stufe unter ihm an das Geländer.

Beide schienen wir zu vergessen, wo wir uns befanden, und ich sah seinen Blick nicht ein einziges Mal abschweifen. Er war unverwandt auf mein Gesicht gerichtet, das er untersuchte, während er sprach.

Vom Hochschauen bekam ich einen steifen Hals, und so schlug ich schließlich vor, irgendwo eine Tasse Kaffee zu trinken oder unser Gespräch später fortzusetzen.

Ich hatte schon befürchtet, ihn damit zu kränken, und prompt nahm sein Gesicht einen beleidigten Ausdruck an. Er sah auf die Uhr und sagte, in diesem Fall müßten wir uns wohl ein andermal treffen, denn er habe noch etwas zu tun.

Beim Abschied gab er sich Mühe zu lächeln, aber es gelang ihm nicht recht.

Mir schon.

»Sie sind mir so vertraut«, sagte Guido de Waeterlinck nach der Prüfung zu mir, »als würden wir uns schon seit Jahren kennen.«

Ich sagte, das ginge mir auch so.

Er saß entspannt in seinen Sessel zurückgelehnt. Die Nervosität, die er zu Beginn der Prüfung an den Tag gelegt hatte, war verschwunden. Es lag in der Logik der Ereignisse, daß er mir eine gute Note gegeben und anschließend vorgeschlagen hatte, wir sollten sein Büro verlassen und irgendwo in einem Lokal etwas trinken gehen. Seine Arbeit sei für heute erledigt, und wir müßten einander besser kennenlernen, hatte er gemeint, besonders jetzt, da ich ihn mit der Bitte beehrt hätte, meine Diplomarbeit zu betreuen.

Im Café fragte ich ihn, ob an den Geschichten, die über ihn kursierten, etwas Wahres sei und er tatsächlich seine Arbeiten verbrannt und eine Abneigung gegen das Schreiben habe.

»Es ist wie beim Misanthropen«, sagte er. »Er liebt die Menschen zu sehr, wird daher permanent verraten und entwickelt nun umgekehrt einen Haß gegen sein wichtigstes Liebesobjekt. Die Geschichten sind natürlich stark übertrieben. Ich habe nichts verbrannt. Ich habe bloß eine Menge altes Papier auf den Müll geworfen, und das war eine echte Befreiung, eine Läuterung meines Gemüts. Manche Einsichten gehen nun einmal mit Qualen und Schmerzen und mit der Zerstörung des Alten einher. Und meine Einsicht war, daß ich der Diener bin, und nicht der Herr. Meine Liebe zur Sprache ist zu groß. Ich liebe sie zu sehr, um mitansehen zu können, wie sie, sobald ich zur

Feder greife, unter meiner plumpen Syntax verkümmert und sich aufreibt zwischen den zwei Seelen in meiner Brust, dem Künstler und dem Denker. Ich bin keines von beiden und habe mich damit abgefunden. Ich bin ein Knecht der Sprache, die Schriftsteller sind meine Souffleure, und ich trage ihre Worte vor. Zu wissen, wie man sterben soll, ist letztlich das Geheimnis jeder Initiation, und ich bin es zufrieden, daß ich zu dieser Synthese gelangt bin. Ich bin ein Leser, Sprecher, Schauspieler, mehr nicht. Der direkte Kontakt zum Publikum ist für mich unverzichtbar.

Ich glaube, Sie besitzen etwas, was mir völlig abgeht, was aber wahrscheinlich eine Voraussetzung für die Ausübung jeder Kunst ist: eine Art Synthese aus Leidenschaft und Distanz. Etwas von Zorn und Mitleid ist in Ihnen, ein Wunsch, die Meister auf sanfte Art zu bemeistern.«

»Tatsächlich?« fragte ich. »Woher wissen Sie das?«

»Ich hab's gesehen«, sagte er. »Sie haben es lange spannend gemacht, aber jetzt spielt sich der Kampf ganz offen vor meinen Augen ab. Sie haben die Herzen meiner treuesten Hörer erobert, und ich sehe, daß sie genauso gerührt sind wie ich. Es sind fast alles Flüchtlinge, und sie gaben mir oft das Gefühl, mit der Geschichte verbunden zu sein und vergangenes Leid nachträglich noch lindern zu können – zweifellos der Gemütszustand eines neurotischen Menschen, dem es nicht gelingt, die Widersprüchlichkeiten des Lebens miteinander zu versöhnen, und der ständig unter Schuldgefühlen ächzt. Sie haben keine Schuldgefühle. Was Sie treibt, ist etwas anderes.«

»Was denn?«

»Das weiß ich nicht. Das sollten Sie mir sagen.« Aber ich wußte es auch nicht. Nicht genau.

»Es war nett, mit Ihnen zu reden«, hatte Guido beim Abschied gesagt, und ob wir das nicht öfter tun könnten?

»Je öfter, desto lieber«, hatte ich erwidert.

Guido war es dann auch, der mich warnte, ich solle die Gefühle von László Kovács ernst nehmen.

Irgendwann einmal habe ich mir vorgenommen, Gemeinplätze zu vermeiden. Marius hat wahrscheinlich einmal gesagt: »Das Klischee ist der Tod der Literatur, ein Zeichen sprachlicher Armut und mangelnder Originalität«, und dieses Gesetz wurde von den Literaturkritiken, die ich später las, nur bestätigt.

Ich war also ängstlich bemüht, Gemeinplätze zu vermeiden, als ich mit László Kovács in Kontakt kam und herausfand, daß abgedroschene Phrasen Schlimmeres anrichten als nur ein Verhunzen der Sprache.

Ich habe lange Zeit gedacht, die Menschen ließen sich von ihrem Willen leiten, von ihren Leidenschaften, Überzeugungen und Ideen, von etwas im eigenen Innern. Nachdem ich László Kovács kennengelernt hatte, kam ich mehr und mehr zu dem Schluß, daß nicht unsere Leidenschaften uns ansporn en, sondern die Idiome der Leidenschaft, und daß es nicht der reine Wille ist, der uns zum Handeln treibt, sondern die Allgemeinplätze über den Willen. Erst wenn Erleben mit dem Klischee echten Erlebens übereinstimmt und wir uns in der Geborgenheit der Sprache einnisten können, entsteht so etwas wie ein Gefühl von Wahrhaftigkeit, die Vorstellung, richtig zu liegen, tatsächlich zu existieren, wirklich zu sein.

László Kovács ließ sich von dem Klischee leiten, ein Mensch sei so alt, wie er sich fühlt. László Kovács war vierundsiebzig, als ich ihn kennenlernte, aber László Kovács fühlte sich wie achtzehn.

Aaron und Guido hatten beide vorausgeahnt, wie sich die Dinge entwickeln würden, aber ich habe es selbst nie verifizieren können, denn ich schämte mich und sprach nicht mehr mit ihnen über László, nachdem er fortgeblieben war.

Aaron sah sich als das genaue Gegenteil von László. »Ich bin ein Schwätzer«, sagte er, »und natürlich begehre ich dich auch, aber wenn du mich fragst, ob es mir wirklich ernst damit ist – nein. Ich bin ein alter Narr, aber ich habe noch den Blick für die Realität. Kovács ist anders, heftiger, leidenschaftlicher, wirklichkeitsfremder vielleicht, wer weiß. Er will dich, und damit basta. Das alles ist ein Sichwehren gegen den Tod, du brauchst mir nichts zu erzählen, Kind, ich weiß Bescheid. Du erweckst uns zu neuem Leben, das ist es. Aber im Grunde ist es doch eine prächtige Geschichte – zwei so alte Knacker, die alles geben würden für eine Sekunde deiner Aufmerksamkeit, einen Blick deiner schelmischen Augen, einen Kuß deines Rosenmundes.«

Sätze wie diese sagte Aaron voller Ironie. Er schlug dann einen gekünstelten Ton an, und seine vollen Lippen formten die Worte langsam und übertrieben feierlich.

Er hatte allerdings recht. László wollte mich – ganz.

Am Dienstag nach unserer Begegnung in der Bibliothek hatte er sich in der Pause zu uns gesellt und war nach der Vorlesung auch mit in die Cafeteria gegangen. Er hatte kaum ein Wort gesagt, mich aber immer wieder prüfend angeschaut. Das ging ein paar Wochen lang so, und es war klar, daß es für ihn kein Vergnügen war.

An einem dieser Dienstage fand ich beim Nachhausekommen einen zusammengefalteten Brief in meiner Tasche. Ein Umschlag war nicht dabei.

Der Brief war von László. Er schlug vor, wir sollten uns eine Stunde vor Beginn der Vorlesung in der Cafeteria treffen, damit wir einmal ein richtiges Gespräch führen könnten, das nicht im Trubel der üblichen Massenversammlung nach der Vorlesung unterging. Er hatte seine Adresse unten auf den Brief geschrieben, und ich schrieb zurück, ich sei einverstanden. In der Zeit vor der Vorlesung brachte ich normalerweise ohnehin nichts Rechtes zustande.

Von da an saß ich László jeden Dienstagmorgen von zehn bis Viertel nach elf an einem Tisch gegenüber. Im Gegensatz zu Aaron hörte er sich nicht gern selbst reden. Niemand hat mir je so viele Fragen gestellt wie László Kovács. Verliebst du dich oft? In welchen Typ Mann? Muß ein Mann für dich attraktiv sein? Wecken Männer ein sexuelles Verlangen in dir? Wer? Wie? Wann? Wird dein Verlangen von irgend etwas beeinflußt, von Hormonen, Filmen, Literatur? Muß ein Mann bei dir leidenschaftlich sein oder gerade zurückhaltend? Was bedeutet Liebe für dich?

Was soll man da antworten?

Das Ungewohnte dieser Fragen, das aufrichtige Interesse, mit dem er sie stellte, und seine Offenheit, wenn ich ihn meinerseits befragte, gaben mir ein Gefühl der Sicherheit, und ich übte mich darin, so ehrlich wie möglich zu antworten, was mich viel Mühe kostete. Aber ich vertraute ihm und vor allem seinen Interpretationen.

László sagte mir nicht, wie lieb, freundlich, sanft, fürsorglich, spontan, fröhlich, sensibel, intelligent und aufrichtig ich sei, Dinge, die ich mir nie anhören konnte, ohne das Gefühl zu haben, daß wieder einmal jemand hereingefallen war und mein wahres Wesen (von dem ich übrigens auch keine Ahnung hatte, aber das Schlimmste vermutete) nicht durchschaut hatte. László erklärte unumwunden, ich sei zugeknöpft, hochnäsig, eitel, aggressiv, obsessiv, melancholisch, pessimistisch, mißtrauisch, destruktiv, größenwahnsinnig, distanziert, narzißtisch. Mein Liebesverlangen bezeichnete er als »selige Sehnsucht«, mein Liebesmotto als »und wenn ich dich liebe, was geht es dich an«, und meine wirklichen Lieben als seltene Raritäten, weil ich angeblich liebte wie die Männer des Stammes Asra, »welche sterben, wenn sie lieben«.

Ich glaubte ihm.

Er versuchte zu verstehen, warum ich so war.

Ich sehnte unsere Treffen herbei. Zwischen den Dienstagen schrieben wir uns immer öfter Briefe, schließlich sogar mehrere pro Woche. Darin redete er mich so an, wie er mich dienstagmorgens begrüßte: »Szervusz kislány.« Das hieß soviel wie »nettes Mädchen«, hatte er gesagt. Er unterschrieb mit »bolond«, was »alter Narr« bedeutete. Ich redete ihn aber nie so an, weil ich sonst meiner Zunge die ungewohnte Akrobatik vorenthalten hätte, mit einem Peitschenschlag seinen Namen zu formen.

László sagte, schrieb und rief, er sei verliebt, aber ich dachte, es sei harmlos, etwas, das er selber schön fände, ohne mich im Grunde dazu zu brauchen. Auch Aaron erklärte schließlich regelmäßig seine Liebe und meinte, ich hätte selbst Ilda Müller verzaubert.

»Welches war der schönste Film vor dem Krieg?« hatte er sie einmal aufs Geratewohl gefragt, als wir in der Cafeteria saßen.

»*Mädchen in Uniform*«, hatte sie ohne zu zögern geantwortet.

»Laß nur«, hatte Aaron gesagt, »du brauchst mir doch nichts zu erzählen.« Er hatte damals seine Hand auf ihren Unterarm gelegt. Es war ein feierlicher Augenblick gewesen, und ich wußte genau, daß dieser kurze Austausch zwischen ihnen weiter reichte als bis zu mir, daß er an ein Bündnis zwischen ihnen rührte, eine gemeinsame Vergangenheit, eine Geschichte, eine Zeit, in der ich noch nicht geboren war. So empfand ich auch Lászlós Liebeserklärungen: als hätten sie nicht mir gegolten, sondern etwas Größerem, Unpersönlichem, etwas längst Vergangenem.

László, verbissen und überzeugt, ließ nicht locker. Er wollte meine Liebe. Der Ton unserer Gespräche wurde schärfer, seine Briefe wurden zu Anklagen, die meinen zu Zurückweisungen und Verteidigungen. Er merkte sich jedes Wort, verfolgte mich mit meinen Antworten, interpretierte jeden Blick, jede Berührung, jeden Punkt und jedes Komma, und immer anders, als ich es gemeint hatte. Das sagte und schrieb ich ihm auch.

»Alle wickelst du ein, aber selbst läßt du dich niemals einwickeln«, meinte er.

»Wenn du mich verläßt, dann ist das eine nachträgliche Reaktion auf deine Beziehung zu Marius«, sagte er.

»Hör auf zu drängen«, sagte ich. »Hör auf, mich zu begehren. Du machst mich ganz nervös. Du machst dir etwas vor.«

Unsere Briefe wurden zu Interpretationen von Interpretationen, bis ich schließlich keinen eigenen Satz mehr wagte und eine Woche lang nur noch mit Zitaten reagierte.

Mit Kierkegaard, als er mir vorwarf, ich hätte durch mein Verhalten den Eindruck erweckt, ich begehrte ihn gleichfalls:

»Man erfährt aus dem Tagebuch, daß es mitunter etwas ganz Willkürliches war, das er begehrte, zum Beispiel einen Gruß, und um keinen Preis mehr annehmen wollte, weil es das Schönste bei der Betreffenden war.«

Mit Kafka, als er schrieb, ich sei launisch und unberechenbar:

»Ich ruhe eben nicht in mir, ich bin nicht immer ›etwas‹, und wenn ich einmal ›etwas‹ war, bezahle ich es mit dem ›Nichtsein‹ von Monaten.«

Es waren die letzten Briefe. An einem Montagmorgen im April kam eine Ansichtskarte von ihm.

»Ende. Resigniere. Komme morgen vormittag nicht mehr und werde dir nicht länger zur Last fallen. Bolond.«

4
Der Priester

An einem Sonntagnachmittag im März 1983 läute ich bei Clemens Brandt. Die Mappe mit meinen Unterlagen drücke ich fest an mich. Es ist zu spät, um mir noch eine Variante zum abgedroschenen Begrüßungssatz auszudenken, den ich im Geist ständig wiederhole. Ich kann ihm ja schlecht sagen, daß die Welt für mich auf elegante Art in Ordnung ist, weil heute Sonntag ist und er ein Priester und beides zusammengehört, und daß ich, einmal hier gelandet, mir keinen besseren Tag für ein Treffen hätte aussuchen können. Nachdem ich die Klingel gedrückt habe, wische ich mir die rechte Hand an meinem Rock ab und versuche, sie so lange wie möglich trocken zu halten.

Brandt ist berühmt. Daß er vor Jahren auch noch zum Priester geweiht wurde, entdecke ich erst, als ich mich schon mit ihm verabredet hatte und mir aus der Bibliothek eilig das einzige Buch von ihm auslieh, das ich noch nicht gelesen hatte. Es war sein erstes Buch, die Veröffentlichung seiner Dissertation. In seinen späteren Büchern wurde im biographischen Hinweis nie erwähnt, daß er Priester war.

Schriftsteller und Priester paßte für mich nicht zusammen. Seit Jahren war ich keinem Priester mehr begegnet, und mein Bild war einzig und allein vom Pfarrer meines Heimatdorfes geprägt.

Priester haben eine Berufung, eine Haushälterin und wachsbleiche Hände. Morgens predigen sie in der Kirche, sie taufen, trauen, nehmen die Beichte ab und gehen nur zu Menschen nach Hause, wenn Kinder geboren werden sollen oder jemand im Sterben liegt. Meist schweigen sie. Sie lesen und beten. Sie lesen immer dasselbe Buch und kennen es mit der Zeit in- und auswendig. Sie sind anders als unsere Väter. Es sind keine normalen Männer.

Ein Gespräch mit einem Autor zu führen war unheimlich, aber nicht unmöglich. Ein Gespräch mit einem Priester zu führen war unmöglich. Was war Clemens Brandt? Man kann nicht Schriftsteller und Priester zugleich sein, das eine ist in gewisser Weise die Deformation des anderen. Clemens Brandt war entweder ein unnormaler Priester oder ein unnormaler Schriftsteller.

Die Tür ist groß und schwer im Verhältnis zu dem Mann, der sie öffnet. Er ist klein, dick und hat einen allesbeherrschenden großen Kopf mit Hängebacken, Doppelkinn und einem Turmschädel, woran zu langes Haar in fettigen Strähnen klebt. Die Brille auf seiner Nase hat ein schweres Gestell, und die Gläser sind trübe vor Schmutz.

Er ist der häßlichste Mann, den ich je gesehen habe.

Mit unerwartet sonorer Stimme bittet er mich herein. Nicht als ob häßliche Männer keine schönen Stimmen haben dürfen, nein, das nicht, aber es kommt dadurch eine weitere Diskrepanz zum Vorschein, eine Kluft zwischen den Augen und dem Klang dieser Stimme, diesen sanften, zärtlichen tiefen Tönen. Denn die Augen sind anders.

Als ich ihm die Hand gebe und meinen Satz aufsage,

erscheint plötzlich Langeweile in seinem Blick, ein unverhüllter Widerwille gegen Begrüßungsfloskeln, die er vermutlich schon hundert Mal hat hören müssen. Ich erschrecke. Er gab sich nicht die geringste Mühe, seinen Unmut zu verbergen und so zu tun, als sei es das erste Mal, daß ihm jemand seine Bewunderung und seinen Respekt ausspricht.

Ich verfluchte meine Manieren und den Mangel an Courage und beschloß, einen radikal anderen Kurs einzuschlagen. Mit so viel Unterwürfigkeit kommt man keinen Schritt weiter.

Er nimmt mir meinen Mantel ab und dreht mir den Rücken zu, um ihn an die Garderobe zu hängen. Da sehe ich plötzlich einen Schatten an einer Stelle, wo kein Schatten hingehört, irgendwo zwischen seinen Schulterblättern. Es ist ein Buckel.

Er öffnet eine der Türen im Flur und bittet mich, einstweilen einzutreten und Platz zu nehmen, während er Kaffee kocht.

Im Wohnzimmer überfällt mich ein öliges Gefühl des Mitleids, das sich in meinem Hals festsetzt und vorerst nicht weicht. Ein Spitzendeckchen liegt auf einem runden Tisch. Ich glaube, das ist der Grund.

Das einfallende Licht wird durch dichte Stores aus grobem Stoff gedämpft. Im Raum herrscht eine unbeschreibliche Ordnung, die sich auch in den schweren eichenen Bücherschränken an der Wand fortsetzt. Die Bücher machen mich nicht neugierig, aber weil ich zögere, ob ich mich an den Tisch setzen soll oder auf eines der beiden rechtwinklig angeordneten Sofas am anderen Ende des

Zimmers, stelle ich mich schließlich doch direkt davor. Sie lassen keinerlei Schlüsse zu. Clemens Brandt besitzt die gesammelten Werke von praktisch allen: Aristoteles, Augustinus, Hume, Hobbes, Hegel, Platon – allen.

Auf dem Flur klirrt Geschirr. Ich lege den Kopf schräg und tue so, als ob ich die Titel auf den Buchrücken entziffere. Ich nehme mir vor, nicht eine einzige Bemerkung über seinen Bücherbestand fallen zu lassen.

Clemens Brandt kommt mit einem Tablett herein und trägt es vorsichtig zu dem niedrigen Couchtisch, der vor den Sofas steht. Darauf liegt neben einem Stapel neuer, sichtlich noch ungelesener Bücher auch der große braune Umschlag mit meiner Handschrift.

Guido sagte, ich hätte einen besseren Lehrmeister verdient; er als unverbesserlicher Hegelianer und eingefleischter Anhänger des neunzehnten Jahrhunderts könne mir nicht mehr weiterhelfen.

»Du bist hoffnungslos verliebt ins zwanzigste Jahrhundert«, sagte er und gab mir die Adresse von Clemens Brandt. Er riet mir, ihm meine Diplomarbeit zu schicken. Ich traute meinen Ohren nicht, als er diesen Namen aussprach, daß er wirklich »Clemens Brandt« sagte.

»Du meinst *den* Clemens Brandt?« wollte ich wissen. Genau den meinte er.

»Ich habe nichts geschrieben, was Clemens Brandt nicht selbst schon in anderen Worten geschrieben hat oder hätte schreiben können«, sagte ich zu Guido. »Alle fünf Seiten wird er bei mir zitiert, und wo ich selbst eine Idee habe, führt sie nur etwas weiter, was er selbst verschmäht hat.«

»Das ist es ja gerade«, sagte Guido. »Du bewunderst Brandt als Schriftsteller und dichtest ihm Originalität an, die du selbst nicht besitzt. Aber auch seine Bücher führen nur weiter, was andere Schriftsteller verschmäht haben.«

Nach zwei Wochen erhielt ich Antwort.

Groningen, 25. März 1983

Liebes Fräulein M. Deniet,
herzlichen Dank für Ihren freundlichen Brief und Ihre Arbeit, die ich mit kritischem Interesse gelesen habe. Ich glaube ohne weiteres sagen zu können, daß diese Arbeit eine hinreichende Basis für eine Dissertation und auch für eine eventuelle Veröffentlichung in unserer Zeitschrift bietet. Dennoch würde ich mich über einige Punkte gern mit Ihnen austauschen. Schriftlich erscheint mir das sehr zeitraubend, und ich würde Sie gerne einmal treffen, um die betreffenden Punkte mündlich mit Ihnen zu diskutieren. Sollten Sie je Gelegenheit haben, in den Norden zu kommen, sind Sie herzlich willkommen. Rufen Sie dann nur vorher an.

Eines möchte ich noch erwähnen: Das Verhältnis von Literatur und Philosophie interessiert mich seit vielen Jahren in besonderer Weise. Aus Ihrer Arbeit – und möglicherweise auch aus Foucaults Werken – geht für mich nicht hervor, worin sich ein Text als solcher von dem, was man einen literarischen Text nennt, unterscheidet. Mit anderen Worten: Was macht Literatur zu Literatur?

Mit freundlichen Grüßen
Prof. C. Brandt

Von all der Spannung, Nervosität und Aufregung, die ich nach dem Lesen des Briefes gehabt hatte, war jetzt nichts mehr übrig. Ich saß Clemens Brandt auf einem Sofa gegenüber, in den vier Wänden seines Wohnzimmers, und es erschien mir das Normalste von der Welt. Ich hatte das Gefühl, es könne nichts passieren, auf das ich nicht schon gefaßt war, denn Brandt war kein fremdartiges Wesen, kein Mitglied eines Geheimbundes, zu dem ich keinen Zugang hatte, kein Teilnehmer eines Spiels, dessen Regeln ich nicht durchschaute. Brandt war ein irdischer, normaler Mann, zwar mißgebildet, aber sonst ein Mann, wie ich auch andere kannte. Er sah sich Frauen ziemlich ungeniert an. Er schaute mir auf den Mund, wenn ich sprach, und er schaute mir auf die Knie, während ich ihm gegenübersaß. Nichts Besonderes also. Alles, was mir an ihm ungereimt und außergewöhnlich erschienen war, bevor ich ihn kennenlernte, mußte aus dem Umstand zu erklären sein, den ich weder seinen Büchern noch seiner Biographie hatte entnehmen können: seiner Mißbildung. Die überraschende Unverfrorenheit, mit der er vorhin im Flur seine Gelangweiltheit preisgegeben hatte, und die sinnliche Art, wie er mich nun betrachtete, ohne den leisesten Versuch, die Richtung seiner Blicke vor mir zu verbergen, waren höchstens in Verbindung mit seiner Häßlichkeit rätselhaft, sonst aber erwartete ich von diesem Sonntag keine unvorhergesehenen Wendungen.

Ich habe mich ja schon öfter geirrt.

Aus einer geblümten Kanne goß er den Kaffee in diese zerbrechlichen englischen Tassen. Er tat es sehr vorsichtig und konzentriert. In einer Kristallschale lagen schokoglasierte Schweinsohren. Nachdem er uns eingeschenkt hatte, nahm er sich, ohne mir die Schale anzubieten, selbst zuerst ein Schweinsohr, biß gierig hinein und lehnte sich mit dem Kopf in der Hand ins Sofa zurück. Mit vollem Mund und bekrümeltem Kinn trank er schlürfend einen Schluck Kaffee. Er sah mich dabei an. Ich lachte.

»Warum lachen Sie?« fragte er.

»Weil Sie schlürfen und schmatzen«, sagte ich, wohl wissend, was ich tat.

Eine Sekunde lang starrte er mich wie versteinert an, die Augen vor Verblüffung groß aufgerissen. Danach lachte er. Er lachte und entblößte dabei eine Reihe großer, kräftiger, bräunlichgelber Zähne, zwischen denen Schokoladenreste klebten.

»Sie haben eine gute Arbeit geschrieben, Fräulein Deniet«, sagte er. »Nachdem ich sie gelesen hatte, habe ich noch öfter daran gedacht. Sie haben Ihren Namen nirgends voll ausgeschrieben, also dachte ich immer an die Arbeit von Fräulein M. Jetzt höre ich, daß Sie denselben Namen haben wie meine Mutter, und ehrlich gesagt, habe ich das auch schon vermutet. Wenn Sie nichts dagegen haben, bleibe ich lieber bei M.«

Ich hatte nichts dagegen; ich war daran gewöhnt. Das sagte ich ihm auch.

»Das kenne ich gut«, sagte er. »Psychologisch gesehen ist eine Namensänderung etwas Merkwürdiges. Ich bin auf den Namen Petrus Hendrikus getauft und wurde zu Hause Piet genannt. Als Jesuit habe ich schließlich den

Namen Clemens angenommen. Ich selbst hätte gerne Gabriel gehabt, aber der Name war schon vergeben.«

Während er sprach, trat ständig etwas Speichel auf seine Lippen, den er dann wieder einsaugte. Er sah dadurch ganz kindlich aus, wie ein Säugling. Trotzdem konnte ich ihn mir seltsamerweise nicht als Kind vorstellen, aber der Gedanke, daß er einmal ein Junge gewesen war, der auf den Namen Piet oder Pietje gehört hatte, rührte mich.

Ich fragte ihn, ob er immer noch Priester sei.

»Ein abtrünniger«, erwiderte er.

»Schade«, sagte ich. »Mit Ihrer Stimme könnten Sie eingefleischte Atheisten von ihrem Glauben abbringen.«

Er lachte laut, mit aufgerissenem Mund. Er sah mich dankbar an.

»Es ist wirklich eine gute Arbeit, Fräulein Em. Ich muß Ihnen gestehen, daß der Stil mich zwar schon auf die Schreiberin neugierig gemacht hat, aber daß ich mir von diesem Treffen nicht allzuviel versprochen habe. Die Arbeit ist verlockend geschrieben, gleichzeitig aber sehr gediegen, und ich hatte deshalb nicht jemanden wie Sie erwartet, sondern eher eine seriöse, etwas steife und vor allem ältere Studentin. Wie alt sind Sie überhaupt?«

»Siebenundzwanzig und sehr seriös«, antwortete ich widerstrebend. Es wäre mir lieber gewesen, er hätte weitergeredet, wäre auf den Inhalt der Arbeit eingegangen und hätte mir schließlich die Frage gestellt, die er mir in dem Brief vorgelegt hatte.

Ich habe über die Frage nachgedacht vom Augenblick an, da ich sie las. Ich konnte mit Clemens Brandt telefonisch keine Verabredung treffen, bevor ich nicht die Antwort zu wissen glaubte. Um gut gerüstet zu sein, hatte ich einen neuen Essay geschrieben, in dem ich zahlreiche Definitionen von Philosophen und Schriftstellern gesammelt hatte, denen ich zum Schluß noch eine eigene hinzugefügt hatte. Übermütig hatte ich den Essay *Dies ist Literatur* getauft, und ich hoffte, Brandt würde ihn gut genug finden, um ihn abzudrucken. Er steckte in meiner Tasche. Brandts Einladung, sich mit mir über etwas, das ich geschrieben hatte, auszutauschen, hatte mich mit Stolz erfüllt. Während der zweistündigen Bahnfahrt hatte ich mir unentwegt das Gespräch ausgemalt, das wir führen würden. Im Geiste hörte ich mich scharfsinnige Antworten geben, Probleme aufwerfen, sein Werk kritisch durchleuchten und fand in ihm einen aufmerksamen Zuhörer, klüger als ich, der meine kühnen Thesen langmütig verbesserte, um mich dann mit den Namen unbekannter Autoren, mit Titeln und faszinierenden Gedanken zu überhäufen.

Alleine hat man gut reden.

Wenn Brandt zu irgend etwas keine Lust hatte, dann zu dem Gespräch, das ich in meiner Phantasie mit ihm geführt hatte, soviel war sicher. Er wollte absolut nicht mit mir über Sprache, Literatur und Philosophie reden oder darüber, weshalb wir *Madame Bovary* einen Roman nennen und *Ecce Homo* Philosophie. Brandt wollte die Autorität und das Ansehen, das er sich als Schriftsteller bei mir erworben hatte, am liebsten so schnell wie möglich loswerden und mich, anstatt auf dem Umweg über die Bücher, lieber persönlich für den leibhaftigen Brandt interessieren.

Gerade weil ich noch zwischen Tür und Angel entdeckt hatte, daß ich es mit einem Priester zu tun haben würde, hatte ich alles, was sich jetzt abspielte und worauf ich normalerweise auch gefaßt gewesen wäre, ausgeschlossen. Ich hatte doch eher eine weihevolle Stimmung erwartet, eine Atmosphäre von Keuschheit, Askese, Aufmerksamkeit und hingebungsvoller Selbstverleugnung, einen Menschen, der im Innersten Priester geblieben ist, mit oder ohne Gott.

Der Essay in meiner Tasche machte mich halsstarrig und gab mir den Mut, den unvermeidlichen Lauf der Dinge noch etwas aufzuhalten. Ich hatte mich zu sehr auf ein Fest des Geistes gefreut, um ohne Murren und Bocken auf das banale Spiel der Verführung mit Hilfe von Lebensgeschichten einzugehen.

»Aber natürlich«, sagte Brandt liebenswürdig, als ich ihn bat, meine schriftliche Antwort auf seine Frage nach dem Wesen des literarischen Textes kurz durchzulesen und dazu Stellung zu nehmen. Ich beugte mich vor, um den Essay aus meiner Tasche zu holen und ihm die Passage aufzuschlagen, wo ich dreist und übermütig eine Definition des literarischen Textes gab.

»Warum lesen Sie es mir nicht selber vor?« fragte er.

Ja, warum nicht.

»Haben Sie Derrida gelesen?« wollte er wissen, als ich geendet hatte und, vor Verlegenheit plötzlich errötend, zu ihm hochsah.

»Nein«, sagte ich. Von Derrida hatte ich zwar gehört und auch das eine oder andere über ihn gelesen, aber ich war zu sehr von Foucault erfüllt, um mich auf das Werk eines anderen noch lebenden Philosophen zu stürzen, und hatte die Lektüre seiner Bücher immer wieder verschoben.

»Seltsam«, sagte er, »sehr seltsam. Was Sie da über das Wesen der Literatur schreiben, könnte von Derrida stammen, der allerdings nie das Wort *Wesen* gebraucht hätte. Ich kann kaum glauben, daß Sie noch nie ein Wort von dem Mann gelesen haben. Sind Sie ganz sicher?«

Ja, natürlich. Ich nickte. Ich wünschte mir entnervt, er würde weiterreden. Wenn Derrida ein guter Philosoph war, dann machte Brandt mir gerade ein Kompliment, und das wollte ich hören. Andererseits verdarb mir das Kompliment wieder jede Freude, denn alles, was ich geschrieben hatte, war dann von jemand anderem auch gedacht worden, und zwar vor mir.

»Um ehrlich zu sein«, fuhr Brandt fort, »interessiert mich Foucault schon lange nicht mehr so besonders. Was Derrida macht, ist tausendmal interessanter, spannender auch und meiner Meinung nach philosophisch gehaltvoller. In Ihrer Arbeit benutzen Sie Foucault, um Ihre Gedanken weiterzuentwickeln und sich von ihm zu entfernen. Sie glauben, Sie kommen bei Nietzsche heraus, aber Sie landen bei Derrida. Wirklich, Sie müssen ihn lesen. Sie werden verblüfft sein, wieviel Sie bei ihm erkennen und wiederfinden werden von dem, worum es im Grunde auch in Ihrer Definition geht, nämlich um ein besseres Verständnis des Schreibaktes. Nur daß Sie eine Metaphysikerin sind, um es einmal so auszudrücken. Sie machen aus dem Schreiben etwas Heiliges. Das kommt mir vor wie eine christliche Version der Definition Platons, wenn auch zum Glück stark banalisiert. Bei Ihnen ist der Autor doch so etwas wie ein abwesender Gott, eine Art verborgener Verführer, der sich in der Welt durch das Buch vermitteln läßt. Ein bißchen traurig stimmt mich Ihre Definition auch. Nicht nur, weil ich selbst Schriftsteller bin, sondern auch, weil Sie mir, wenn ich Ihrer Definition folge, in Wirklichkeit lieber nicht hätten begegnen sollen, weil dieses Dreiecksverhältnis zwischen Schriftsteller, Buch und Welt rein geistig hätte bleiben müssen. Ich merke, daß Sie noch leidenschaftlich nach dem Wesen der Dinge suchen und daß Sie es außerhalb der Welt der Texte suchen. Für mich ist eine Welt jenseits des Textes gar nicht mehr denkbar.«

Clemens Brandt rutschte bis zur Sofakante vor und sprach glutvoll von einer papierenen Existenz, einer Existenz, deren geheimnisvoller Erzeuger allein das Wort war. Von Zeit zu Zeit erhob er sich, nahm ein Buch aus dem Schrank und las mir einen Abschnitt daraus vor, um dann, von dem Zitat entflammt, erneut aufzustehen und mit hastigen Trippelschritten andere Bücher herbeizuholen. Beim Griff in die oberen Fächer war sein Hemd immer weiter aus der Hose gerutscht und hing nun wie ein zerknülltes Taschentuch über den Gürtel. Er ging so sehr darin auf, alle möglichen Zitate miteinander zu verknüpfen und schöne Umschreibungen herauszusuchen, die – von Augustinus bis zu diesem Derrida – einschließlich alle miteinander verwandt waren durch ihren exzessiven Lobgesang auf die Sprache, so daß er sich selbst völlig zu vergessen schien und nicht bemerkte, daß er immer zerzauster und jungenhafter aussah.

Erst als ein ganzer Stapel Bücher auf dem Tisch lag und er sich müde zurücklehnte, entdeckte er seinen Hemdzipfel und begann ihn umständlich wieder in die Hose zu stopfen. Dazu mußte er den Rücken gegen die Lehne drücken und den Unterleib etwas anheben. Die Art, wie er das tat, verriet mir, daß er keine Scham kannte.

»Ich sehe, daß ich mich für Sie ganz ausgezogen habe«, lachte er.

Ich war zu dankbar, um nicht zurück zu lachen. Er hatte mir genau gegeben, was ich mir vorgestellt hatte: eine begeisterte Kenntnis der unterschiedlichsten Autoren, weitere Definitionen dessen, was ein literarischer Text eigentlich war, einen Blick auf die Besessenheit und Lust, die mit dem Lesen einhergehen kann, und wie man die Einsamkeit dieser Lust mit jemandem teilen konnte. In diesem Fall mit mir.

Vor mir saß ein sabbernder, fröhlicher, schamloser Gnom, aber ich betrachtete ihn mit den Augen eines Menschen, der soeben Trost empfangen hatte. Clemens Brandt hatte mir etwas klargemacht, über eine mögliche Zukunft, über eine Einsamkeit, die auf mich wartete und die erträglich schien, fruchtbar, eine Art Glück.

Das sagte ich ihm, genau so.

Er erschrak ein wenig über die Wendung, die das Gespräch plötzlich nahm, über meine unerwartete Bereitschaft, schließlich doch noch über ihn zu reden und darüber, wie es im Leben konkret weitergehen sollte.

»Gehen wir irgendwo was essen, Em«, sagte er.

Clemens Brandt konnte nicht Versteck spielen. Wenn er verstört war, sah er auch so aus.

Er trug einen dunkelblauen Dufflecoat. Er ging rechts von mir. Wenn ich ihm das Gesicht zuwandte und ihn von der Seite betrachtete, sah ich den massigen Fleischklumpen, der seinen Oberkörper bildete. Er ging mit federnden Schritten, gleichsam auf Zehenspitzen. Es war, als sei er völlig halslos, als sitze der Kopf wie ein dicker Lehmpfropfen direkt auf dem amorphen Rumpf.

Er hatte die Hände in die Manteltaschen gesteckt. Ich auch. Ich fühlte mich größer als er, obwohl ich es nicht war. Er war größer.

Die Passanten musterten uns unverhohlen. An ihren Blicken konnte ich erkennen, wie sie uns sehen mußten, ihn und mich, nebeneinander. Ich mußte an *Beauty and the Beast* denken, obwohl ich einen Film, der so hieß, noch nie gesehen hatte und auch kein Buch mit diesem Titel gelesen hatte. Es fliegt einen von irgendwoher an, man weiß nicht, woher.

Wir gingen über eine Brücke. Aus der Gegenrichtung kam ein junges Paar, Arm in Arm, beide schön genug, um aus ihrem Äußeren Kraft zu schöpfen. Das Mädchen kicherte im Vorübergehen zu laut und zu auffällig. Sie flüsterte dem Jungen etwas zu, und sie lachten.

Da hängte ich mich bei Clemens Brandt ein.

Wir sahen einander nicht an.

Bei »etwas essen« denke ich an einen Imbiß, aber Clemens Brandt nahm mich mit zu einem Restaurant, wo ihn ein Kellner im Frack mit Namen begrüßte, uns die Mäntel abnahm und sich höflich erkundigte, ob der Herr Professor an seinem üblichen Tisch Platz zu nehmen wünsche.

Draußen war es hell und klar gewesen, aber im Innern des Restaurants war jede Erinnerung an die Tageszeit ausgesperrt. Der Kellner begleitete uns zu einem Tisch in der Ecke und zündete eine Kerze an. Das Eintauchen in die Zeitlosigkeit machte mich ruhig und zufrieden. Es konnte mal wieder kommen, was wollte. Ich war versucht, tiefer zu sinken und die Augen zu schließen, wie ich es oft tue, wenn ich im Dunkeln neben jemandem im Auto sitze. Denn dann stellt es sich unweigerlich ein, dieses gelöste, träge Glücksgefühl, das Gefühl, der Zeit entrückt zu sein und damit gleichgültig gegenüber der Stunde meines Todes, entschlossen, auf der Stelle zu sterben, wenn es sein muß.

»Gefällt es dir hier?« fragt er.

»Ja, sehr«, sage ich und bedaure, daß meine Bereitwilligkeit mir den Wechsel des Personalpronomens eintragen muß.

»Das Leben ist schön«, seufzt Brandt. »Ich bin froh, daß ich dir zurückgeschrieben habe und daß du jetzt hier bist. Es ist doch eine unverhoffte Begegnung, findest du nicht?«

Ja, das finde ich auch.

Er ißt fast täglich hier, meistens allein, hin und wieder mit einem Studenten, und immer zwischen ein und drei Uhr. Morgens ißt er Haferbrei, abends einen Teller Suppe. Dreimal täglich eine warme Mahlzeit, das ist ein Überbleibsel aus dem Kloster, eines der wenigen.

»Abgesehen von dem hier«, sagte er und fuhr sich mit der Hand über die Tonsur, worauf er eine nach vorn gefallene Haarsträhne hinters Ohr schob. »Aber das ist ein Relikt anderer Art, weniger freiwillig.«

Weil ich danach frage, erzählt er mir, wie es vor sich geht, wenn man in ein Kloster eintritt, die Kutte anlegt und sich den Kopf scheren läßt.

»Genaugenommen ist es eine Form von Verstümmelung«, sagt er, »das Brandmarken eines Herdentiers. Es bleibt eine unverwischbare Spur zurück, an der jeder ablesen kann, zu wem oder was man gehört. Im Dienste des Heiligen stehen heißt abgesondert, von der Gemeinschaft der Menschen getrennt werden. Daran mußte ich auch denken, als du mir aus deinem Essay vorgelesen hast. Wenn man ins Kloster eintritt, muß man alle Bande, die einen an das frühere Leben binden, durchschneiden. Man wird vollkommen isoliert, man bekommt einen neuen Namen, neue Kleider, lernt eine andere Sprache, ißt anderes Essen und kasteit seinen Körper. Man tötet die alte Persönlichkeit, um als neuer Mensch wieder aufzuerstehen. Im Grunde ist das alles sehr heidnisch, archaische Initiationsriten mit einer festen Abfolge der einzelnen Phasen.«

»Hast du eine Berufung gespürt?« frage ich rasch, aus Angst, er könnte seine Erzählung abbrechen.

»Damals habe ich das geglaubt«, antwortete er nachdenklich, »damals ja. Später habe ich dann Psychologie studiert, und heute glaube ich eher, ich bin dem Ruf meiner Mutter gefolgt. Ich muß gespürt haben, daß es ihr sehnlichster Wunsch war, ein heiliges Kind zu haben, und dieses Kind wollte ich wohl für sie sein. Für sie, nicht für Ihn. Findest du das komisch?«

Ich nicht, nein. Ich schüttle den Kopf und lächle ihm zu, um ihn zum Weiterreden zu ermuntern.

»Ich erinnere mich noch sehr lebhaft an die Phantasie, wie ich persönlich die Geschichte mit dem Sündenfall rückgängig machen würde, wie ich das Rad der Zeit zurückdrehen und die Geschichte ein für allemal aus der Welt schaffen würde. Gott tat mir schrecklich leid. Er hatte es so gut mit uns gemeint. Er hatte das Paradies so schön für uns eingerichtet, nur das Beste vom Besten, an nichts gespart. Unser Leben war beschützt, bewacht und sicher. Es brauchte kein böses Wort zwischen den Menschen zu fallen, kein Schmerz mußte gelitten werden, nichts kam auf uns zu, wovor wir Angst haben mußten. Wir brauchten durch nichts aufgeschreckt zu werden, und wir mußten niemals zweifeln, denn wir konnten einfach die von Gott markierten Wege gehen und die Dinge so tun, wie sie von Gott gemeint waren. Und Er meinte es gut.

Und dann läßt Eva sich vom Teufel verführen und ißt von diesem Baum der Erkenntnis. Entsetzlich! Ich stellte mir ganz genau vor, wie Gott es mit eigenen Augen passieren sah und hilflos zuschauen mußte, wie seine eigenen Geschöpfe sich in Leere und Verdammnis stürzten. Es war ein unerträglicher Gedanke. Heute habe ich mich allerdings eher im Verdacht, daß ich diese Phantasie insgeheim sehr genossen habe. Ich konnte mir die Geschichte vom Sündenfall gar nicht oft genug ausmalen. Wenn ich dann zu der Szene kam, wo Eva zögernd vor dem Baum steht, hätte ich vor Angst aufschreien können: ›Tu's nicht! Tu's bitte nicht!‹ Aber sie tat es doch. Sie tat es jedesmal wieder. Und der arme Gott mußte es jedesmal wieder mitansehen. Das rührte mich zu Tränen.«

Er blickte auf. Die Geschichte hatte ihn melancholisch gestimmt.

Mich auch.

»Das komische war, daß ich diese Phantasie nicht beeinflussen konnte. Jeder Versuch einzugreifen, die Handlung zu verändern und die Rolle des strahlenden Helden zu übernehmen, der die Schlange mit bloßen Händen erwürgt oder zu Gott hinübertrabt, um Ihn noch rechtzeitig zu warnen, löste nur ein Gefühl der Lähmung in mir aus. Ich konnte meine Phantasie nicht verändern. Ich mußte die Geschichte immer wieder gleich ablaufen lassen.«

»Weil du nicht außerhalb standest. Du bist selbst darin.«

»Ja«, sagt er, »aber wer?«

Er tastet erwartungsvoll mein Gesicht ab. Er hat Angst vor dem, was ich sagen werde, vor einer Übereinstimmung zwischen meiner Antwort und der, die er sich selbst jedes Mal gibt. Ich kenne die Antwort, aber ich kann sie ihm nicht geben, es ist mir zu schwer.

»Gott oder der Teufel«, sage ich möglichst leichthin, »mir ist es gleich.«

Dann stellt uns der Kellner zwei dampfende Teller vor die Nase.

Clemens Brandt hängt vornübergebeugt über seinem in Scheibchen geschnittenen Spanferkel und stopft mit großer Geschwindigkeit die ersten Bissen in den Mund, zu viel auf einmal. Seine Ellenbogen sind nach außen gedreht wie zwei gestutzte Flügel. Sein Kopf ist zwischen die Schultern gesunken, und irgendwo hinter seinem Ohr taucht die

Kontur seines Buckels auf. Ohne die Gabel hinzulegen und sich seine fettglänzenden Lippen an der Damastserviette abzuwischen, greift er in derselben Haltung nach dem Weinglas und spült mit entschlossenen Schlucken das Essen hinunter. Nur ab und zu hebt er die Augen, um die Lammkeule auf meinem Teller zu betrachten.

Ich schaue ihm mit wachsender Verwunderung zu. Er wähnt sich völlig unbeobachtet. Das ist Dummheit oder Unschuld, und ich schwanke zwischen Abneigung und Rührung. Ich versuche mich zu erinnern, wie nervös und aufgeregt ich war, bevor ich ihn kennenlernte, was der Name Clemens Brandt in mir auslöste, bevor ich ihm hier gegenübersaß. Das macht den Tag noch unwirklicher und die Mischung aus Abneigung, Neugier und Mitleid realer.

Mein Magen reagiert erschrocken auf die ungewohnte Tageszeit, zu der er ein so üppiges Mahl vorgesetzt bekommt. Ich esse langsam, habe Angst vor einem aufsteigenden Magenknurren. Da Clemens schweigt, erzähle ich ihm, daß ich als Kind eines Tages zum Pfarrer ging und ihn fragte, wie ich Priester werden könne. Während ich rede, schaue ich ihn an, seine mahlenden Kiefer, seine Lippen, seine Hände, sein Gesicht. Meine Geschichte berührt ihn nicht, und deshalb schmücke ich sie weiter aus. Sein Gesicht zeigt keinerlei Reaktion. Von seinem Unwillen entmutigt, bringe ich sie rasch zu Ende, aus Angst, ihn noch länger zu langweilen.

Als Clemens Brandt sich zurücklehnt und umständlich mit den Händen seinen birnenförmigen Bauch reibt, habe ich noch kaum etwas von meiner Lammkeule gegessen. Seine Augen wandern immer wieder zu dem Knochen mit dem zarten Fleisch hinüber. Ich fühle mich plötzlich auf verlorenem Posten und erwarte jeden Moment, seine Hand quer über den Tisch schießen zu sehen, um sich die Keule vom Teller zu grapschen und sie dann ostentativ abzunagen.

Aber er beherrscht sich.

»Warum interessiert dich das so?« fragt er, als ich Messer und Gabel hingelegt habe.

»Was?«

»Priester, Gott, die Weihe und das alles«, sagt er.

Fragen von anderen bringen mich meist in Verlegenheit. Sie klingen, als hätte ich sie mir selbst noch nie gestellt, und je unbekannter sie mir vorkommen, desto mehr Gewicht haben sie. Es muß doch einen Grund geben, warum man sich die Fragen, die man in anderen hervorruft, noch nie selbst gestellt hat. Gibt es da etwas, das man vor sich selbst geheimhält, ein verborgenes Übel, einen unerwünschten Charakterzug, ein unbekanntes Gebiet in uns, von dem der andere, der die Frage stellt, Wind bekommen hat? Ich mag solche Fragen, aber ich nehme sie am liebsten mit nach Hause, wo ich allein bin und erst wirklich über eine Antwort nachdenken kann. Die Antwort, die ich an Ort und Stelle gebe, ist provisorisch, unvollständig, ein erster Entwurf.

»Ich weiß nicht so recht«, sage ich. »Vielleicht, weil es so etwas Absolutes ist, Priester zu werden. Es ist schließlich kein normaler Beruf, mit dem man sich im täglichen Leben sein Brot verdient und neben dem man in seiner Freizeit noch ein anderes Leben führt. Er umfaßt doch das ganze Leben, denke ich. Leben fällt hier mit der Arbeit zusammen, mit dem, was man geworden ist, meine ich. Ich kann es schlecht ausdrücken. Es ist in meinen Augen die absolute Hingabe, etwas Allumfassendes, und dadurch auch etwas Erhabenes, ja. Das gleiche gilt für das Künstlerdasein, glaube ich. Es ist vergleichbar. Auch da geht es um die Entscheidung für eine Lebensform.«

»Und was bin ich in deinen Augen?« fragt er. »Ein Künstler oder ein Priester?«

»Der Priester«, antworte ich sofort, obwohl ich weiß, daß ich ihn damit enttäusche. »Für mich bist du der Priester. Warum, weiß ich nicht, denn du hast keine Ähnlichkeit mit irgendeinem Priester, den ich kenne, und obendrein paßt das Bild, das ich von einem Priester hatte, kein bißchen zu dem, was ich bis jetzt von dir kennengelernt habe. Trotzdem bist du für mich der Priester.«

Meine Antwort hat seine mißmutige Miene nicht aufhellen können, deshalb füge ich hinzu, er sei viel sinnlicher, viel irdischer, normaler, ein Genießer.

Er lächelt.

»Vielleicht hast du ja recht«, sagt er leise, »aber ich fühle mich nicht mehr als Priester. Das alles liegt schon so weit hinter mir. Es ist das erste Mal seit Jahren, daß ich wieder mit jemandem darüber rede. Du reizt mich, darüber zu reden, über Priestertum, über Gott. Ich weiß nicht, warum ich aus eigenem Antrieb nie mehr dazukomme, auch nur darüber nachzudenken oder mich an damals zu erinnern. Im Grunde mache ich noch immer das gleiche; vielleicht ist das der Grund. Priester zu sein, ist doch eine Art kultisches Amt, und genau wie das Kloster oder die Kirche ist auch die Universität eine Kultusgemeinde mit

Ritualen, Weihen, Prüfungen, mit Lehrern und Schülern. Ich tue eigentlich noch immer Dienst am Wort.«

»Ist es dir unangenehm, darüber zu sprechen?«

»Nein, nein«, sagt er beschwichtigend, »es bringt meine Gefühle nur etwas durcheinander. Einerseits ist es sehr angenehm, und ich habe das Gefühl, mit dir über etwas Wesentliches zu reden, aber auf der anderen Seite beschleicht mich auch das unangenehme Gefühl, dich ein bißchen zu betrügen, wenn ich über Dinge spreche, von denen ich nicht mehr überzeugt bin und im übrigen vielleicht auch nie überzeugt war. Gott, Gott kommt mir vor wie eine Theorie, deren Anhänger ich einmal war und die ich später als unfruchtbar verworfen habe. Es ist schon so lange her, daß Gott für mich durch andere Wörter mit einem Großbuchstaben von seinem Platz verdrängt worden ist. Ich mißtraue mir selbst, wenn ich darüber spreche. Ich glaube, ich benutze seinen Namen nur, um dich mit meiner Geschichte zu fesseln.«

Seine Stimme klingt wie die eines Verurteilten, der seine Schuld gesteht und den andern fragt, ob er noch mehr Reue zeigen soll. Wieder fällt mir auf, daß seine Augen manchmal nicht zum Klang seiner Stimme passen. Meist blicken sie so wie jetzt, forschend, herausfordernd, trotzig.

Ich vertraue noch auf die Stimme.

Ich beuge mich vor und lege meine Hand kurz auf seine.

»Mach dir nichts draus«, sage ich, »dazu sind Geschichten doch da.«

»Wozu?«

»Um zu fesseln.«

Es ist fast fünf, als er mich zum Bahnhof bringt. Ich hänge schwer an seinem Arm, vom Wein beschwipst. Außerhalb des Restaurants ist die Welt plötzlich viel zu real, um von mir so gesehen werden zu wollen. Ich kneife die Augen halb zusammen und lasse mich führen wie eine Blinde.

Am Dienstag kommt eine Kunstpostkarte. Die Handschrift ist winzig, aber gut lesbar. Was da steht, überrascht mich nicht. Am nächsten Tag bringt mir die Post in aller Frühe ein Paket mit Büchern von Jacques Derrida. Ein Brief ist auch dabei.

Die Antwort kostet mich Stunden. Eigentlich sollten wir es dabei bewenden lassen. Ich fühle eine unbestimmte Angst vor allem, was noch kommen wird, und wage keine Erklärung dafür zu suchen.

Wieder und wieder lese ich den Brief. Die ganze Zeit an dich gedacht, tiefer Eindruck, ein bißchen durcheinander, nächste Woche nach Amerika, einen Monat weg, vorher noch treffen, Wochenende, miteinander reden, essen, übernachten möglich?

Es ist doch Clemens Brandt. Er vertraut mir, er weiß viel, es ist eine Ehre, ihm etwas zu bedeuten.

Schließlich schreibe ich zurück, daß mir vieles von dem, was er gesagt hat, noch im Kopf herumgehe, daß seine Geschichten über Kloster und Priestertum mich beim Schreiben meiner Doktorarbeit inspirieren und mir auch einiges über mein eigenes Leben klarmachen, wenn ich auch noch nicht genau weiß, wie und was, daß ich ihn natürlich auch gern wiedersehen würde und wir dann über diese Dinge reden könnten, daß ich mich über die Bücher gefreut hätte, vielen Dank, daß er in Amsterdam willkommen sei und Übernachten kein Problem.

Ich habe es schließlich selbst in der Hand, oder etwa nicht?

Als Clemens Brandt am Samstagnachmittag mit strahlendem Gesicht in mein Zimmer tritt, mir linkisch einen großen Blumenstrauß überreicht und mir einen ungeschickten, nassen Kuß auf die Wange drückt, habe ich alles in der Hand, außer mich selbst.

Er trägt einen funkelnagelneuen leichten Anzug, zu frivol für die Jahreszeit, zu blaß für seine Hautfarbe und so dünn, daß sein Buckel noch einmal so groß wirkt. Er hat ihn eigens für heute gekauft. Er fühlt sich wie ein neuer Mensch, ausgelassen, glücklich, jung.

Es tut mir weh. Ich gehe zu weit. Selbst seine Augen sind heute ein wenig wäßrig. Armer Gnom, idiotisches Verlangen.

»Gefällt er dir?« fragt er, ohne an meiner Antwort zu zweifeln.

»Ja«, sage ich, »ein schöner Anzug, Clemens.«

»Steht er mir?«

»Perfekt.«

»Wie geht's? Du wirkst so angespannt.«

Das bin ich auch. Voll Reue und Bedauern sehe ich, wie sich sein Gesicht umwölkt, seine Erregung nachläßt, wie die Träume der vergangenen Tage, der Wahnsinn seines Anzugkaufs, der einsame Genuß beim Abschicken der Post, die pubertäre Spannung auf der Fahrt von Groningen nach Amsterdam aus seinen Augen schwinden. Um dem Moment zuvorzukommen, da der Verlust einer eingebildeten Liebe vollständig ist und er sich restlos ernüchtert in einem baufälligen Haus in Amsterdam wiederfindet, verkleidet wie ein Zirkusaffe, ein Narr mit lächerlichen Hirngespinsten, sage ich hastig, das liege an der Art unserer Bekanntschaft, dieser ungewöhnlichen Art, mit jemandem so schnell so vertraut zu sein.

Daß ich ihn gern mag, sage ich.

Daß ich Angst habe, ihn zu enttäuschen.

Das ich Angst habe, ihm weh zu tun.

Daß ich ihm vertraue.

Daß es schon vorbeigehen wird, jetzt, wo er hier ist.

Ich quassele mir die Tränen in die Augen.

»Aber Emchen«, sagt er und tritt dicht vor mich hin. »Du bist wirklich lieb. Du brauchst keine Angst zu haben. Es ist ja gut, niemand erwartet etwas von dir.«

»Ist das dein Ernst?«

»Mein voller Ernst«, sagt er. »Wenn du annehmen willst, was ich zu geben habe, dann machst du mich damit sehr glücklich.«

Es sind befreiende Worte. Sie erleichtern mich, und aus Dankbarkeit lege ich kurz meinen Kopf auf seine Schulter.

Mag er ruhig seine Phantasien an mir auslassen.

Als es dunkel wurde, gingen wir nach Bickerseiland. Clemens hatte im Gouden Reael einen Tisch bestellt und eigens um einen Fensterplatz gebeten, sagte er, damit wir über das Wasser des IJ schauen konnten. Es war der letzte Märztag und noch zu kühl, um abends ohne Mantel hinauszugehen, aber Clemens behauptete, er finde es überhaupt nicht kalt und hatte seinen Mantel im Auto gelassen. Er hatte sich bei mir eingehängt und hüpfte neben mir her wie eine große weiße Taube, die ihre Halsfedern mit Luft vollgepumpt und ihren Kopf in den Daunen hat versinken lassen. Ich merkte, daß er mir ab und zu das Gesicht zuwandte, schaute aber nicht zurück. Wir hatten schon viel geredet, jetzt war es Zeit zu schweigen. Ich dachte darüber nach, ob es stimmte, was er mir gesagt hatte: daß ich eine altmodische Platonikerin sei und noch hartnäckig an das Wahre glaubte, an etwas Echtes jenseits des Unechten, und daß ich danach auf der Suche sei.

»Worte wie Seele, Wahrheit, Wesen, Gut und Böse schüttelst du nur so aus dem Ärmel«, hatte er gesagt. Das stimmt.

Ich rede über Seele, Sünde, das Gute und Gott, als wäre das ganz normal. Auch heute noch, obwohl sie nicht mehr das gleiche bedeuten wie einst, als die Seele noch ein unbeflecktes Tuch war, irgendwo in der Herzgegend, das einen schmutzigen Fleck bekommt, sobald man lügt, betrügt, flucht, zankt, stiehlt oder das alles auch nur in der Phantasie tut. Das Tuch wird wieder rein, wenn man dem Pfarrer die Sünden ehrlich beichtet, denn er hat etwas, was man selbst nicht hat: einen direkten Draht zu dem großen grauen Mann im Himmel.

Mein Bild von der Seele änderte sich, als ein neues Spielzeug auf den Markt kam, eine Schreibtafel mit einem Schiebemechanismus. Mit einem spitzen tintenlosen Stift schrieb man etwas auf die Plastikfläche, und wenn man dann am Schieber zog, wurden die Worte wieder weggewischt. So ähnlich stellte ich mir die Seele vor. Wenn der

Pfarrer darum bat, zog Gott am Schieber meiner Seele und löschte meine verbalen Sünden aus (17 x praktisch jeden angelogen, täglich Zank mit meinen Brüdern, 1 Kaugummidiebstahl bei Spar, geheuchelte Reue nach Bestrafung durch Lehrerin).

Eines Tages war die Seele kein Ding, die Sünde kein wegwischbares Wort und Gott kein Mann mehr. Ohne mir noch etwas Zusätzliches vorzustellen, blieb ich an den Worten selbst hängen. Es sind die hartnäckigen Metaphern aus den allerersten Geschichten, die mir zu Ohren kamen. Sie bildeten die Topographie meiner Ur-Geschichte, in der die großen Fragen über Leben und Tod zufällig diese Form bekommen haben und keine andere.

Ich habe keine Scheu vor ihnen.

Ich sehe nicht ein, warum ich sie durch andere Worte ersetzen soll, die doch auf dasselbe hinauslaufen.

»Alles ist doch eine groteske Theatervorstellung«, hatte Clemens Brandt mit einem tiefen, aber zufriedenen Seufzer gesagt. Seufzer hin und her, Brandt hin oder her, ich fand das eine dumme Philosophie. Im Geiste bereitete ich mich darauf vor, ihm auf treffende Art, ruhig, aber gnadenlos den unumstößlichen Beweis für die Bedeutungslosigkeit dieses Gedankens zu liefern.

»Alles ist ein leeres Wort, denn damit wird nichts gesagt. Sein Gebrauch zeugt von einer gewissen Dummheit. Es verschleiert nur unsere Unwissenheit darüber, warum wir hier sind und was wir mit dem Leben anzufangen haben. Du nennst mich eine altmodische Platonikerin, weil ich nach der Seele angle, aber dein eigener Gedanke stammt

noch aus einer Zeit lange vor Platon. Mit deinem ›Alles ist Theater‹ kannst du dich mit Heraklit und Konsorten zusammentun, für die der Fall auch erledigt war, als sie auf die Idee kamen, daß alles Wasser, Feuer oder Luft ist. Es heißt, nicht differenzieren zu können...«

Ich wurde aus meinen Betrachtungen aufgeschreckt, als jemand laut den Ruf »Theresa!« wie einen flachen Stein über das Wasser schleuderte.

Daniel stand an einem der Anlegestege am Kai. Er kam auf uns zu, und plötzlich wurde mir der Mann an meinem Arm peinlich bewußt. Das wurde aber gründlich wettgemacht durch Daniels erstaunten Blick, als ich die beiden einander vorstellte und wieder das angenehme Gefühl hatte, Clemens Brandt habe zwei Namen, von denen der eine zu dem häßlichen Buckel, der andere auf einen Buchumschlag gehörte.

Auf Daniels Frage, ob er der Schriftsteller sei, reagierte Clemens barsch, ganz und gar nicht in dem freundlichen Ton, den ich von ihm gewöhnt war. Das machte sein Interesse für mich plötzlich wieder zu etwas Besonderem. Ich kannte Daniel Daalmeyers ungebremste Redelust, aber weil ich das Gefühl hatte, ihn gegen Clemens' ablehnende Haltung in Schutz nehmen zu müssen, fragte ich ihn, warum er nicht mehr zur Universität komme.

»Ich schreibe ein Buch«, erwiderte Daniel zu meinem Schrecken. Er wandte sich ganz mir zu und erinnerte mich zungenfertig an den Vergleich, den er damals zwischen Hegels List des Lebens und der Biographie eines Kranken gezogen habe.

»Das ist mir damals plötzlich in den Sinn gekommen,

und darum geht es jetzt in meinem Buch. Ich hab' gerade damit angefangen. Es wird genial, eine Mischung aus Autobiographie, Philosophie und medizinischer Abhandlung. Du stehst gewissermaßen an der Wiege eines Meisterwerks«, sagte er lachend.

Mein Arm ist ein guter Leiter für Clemens' wachsende Unruhe. Als ich aus dem Augenwinkel sehe, wie er die freie Hand hebt und sich ausgiebig den Kopf kratzt, sage ich zu Daniel, ich würde ihn demnächst anrufen, und wünsche ihm viel Erfolg beim Schreiben.

»Wer war denn das?« fragt Clemens im Weitergehen.

»Der Epileptiker«, antworte ich.

»Daß du auch so unmöglich sein kannst«, sage ich mit unverhohlener Bewunderung zu Clemens und schaue auf, nachdem ich tatsächlich eine Weile durch das Fenster aufs Wasser geschaut habe.

»War ich wirklich so unmöglich? Aber so bin ich nun mal, ziemlich gleichgültig, glaube ich. Es hat ein Leben lang gedauert, bis ich das Gefühl hatte, niemanden mehr zu brauchen. Deshalb bist du auch so gefährlich für mich«, setzte er hinzu.

Ich muß sehr beunruhigt ausgesehen haben, denn er versuchte sofort, seiner Äußerung alles Bedrohliche zu nehmen.

»Du bist für mich ein Geschenk des Himmels, wirklich wahr, und ich genieße es, wie ich schon lange nichts mehr genossen habe. Sogar meine eigene Verwirrung genieße ich. Vielleicht kann man erst dann wirklich für andere Menschen offen sein, wenn man sich einmal damit abgefunden hat, daß man ist, wie man ist, mit all seinen Makken. Ich habe gelernt, nur das zu begehren, was von meinem eigenen Handeln abhängt, was ich mir selbst verschaffen kann und nicht von außen oder von oben oder von wem oder was auch immer empfangen muß. Es ist eine Frage der scharfen Trennung zweier Welten, von Traum und Wirklichkeit, Tag und Nacht, Privat und Öffentlich, wenn man so will.

Aber jetzt, wo ich dich kennengelernt habe, wird in meine fein säuberliche Trennwand doch eine Art Bresche geschlagen, und die Dinge geraten wieder ein bißchen durcheinander. Aber das macht nichts.«

Clemens hatte in ernstem, geduldigem Ton zu mir gesprochen, aber es gelang ihm nicht, mir die Unruhe zu nehmen. Man reichte uns eine Speisekarte. Das Lesen und Auswählen wurde mir durch eine seltsame Vorahnung erschwert, das Gefühl, daß Clemens mir ein Geheimnis anvertrauen wollte, daß er sich darauf vorbereitet hatte und es loswerden mußte, bevor er nach Amerika ging. Er war dabei, all seinen Mut zusammenzunehmen. Das Enthüllen des Geheimnisses war ein Versuch, freie Bahn für uns zu schaffen, und ich grübelte darüber nach, ob ich mir meine Gemütsruhe sichern sollte, indem ich seine Phantasien über uns korrigierte, oder ob ich seinem Verlangen, aus dem Verborgenen hervorzutreten, nachgeben sollte, und damit auch meinem Stolz, daß er mich ins Vertrauen zog.

Wir bestellten in aller Ausführlichkeit.

Über die Nacht brauchte ich mir vorerst nicht den Kopf zu zerbrechen.

»Ich versteh' nicht, was du meinst. Du führst ja eine ziemlich öffentliche Existenz. Wie sieht denn dein Nachtleben aus?« Ich versuche dreinzuschauen wie jemand, der vor keiner Antwort davonläuft, nichts Menschliches ist mir fremd, alles schon mal erlebt, jedem Tierchen sein Pläsierchen, werde dir deshalb nicht die Freundschaft aufkündigen – so dieser Blick.

»Ich weiß nicht, ob ich überhaupt darüber reden will«, sagt Clemens zögernd. Er sieht mich forschend an, schlägt die Augen aber gleich wieder nieder.

»Frauen«, sage ich.

»Prostituierte«, sagt er.

Im nachhinein denke ich, es lag nicht an dem Wort, auch nicht an seiner Stimme, sondern es lag an seinen Augen, daß ich plötzlich fröstelte und mein Zwerchfell sich zusammenkrampfte. Er schaute nicht verschämt, verlegen, verschmitzt, er schaute lüstern drein. Aber nicht bei dem Gedanken an die Huren sah er lüstern drein, sondern er schaute mich an. Meine Reaktion war seine Lust.

Ich nahm es als Herausforderung. (Falsch)

Ich fragte weiter. (Falsch)

»Huren?« sage ich, als der Kellner das Kalbsbries vor mich hinstellt.

»Keine gewöhnlichen«, sagt Clemens, als der Kellner wieder fort ist.

Dann bekommt er die Reaktion, auf die er wartet, denn ich weiß nicht mehr weiter. Von Perversitäten habe ich zu dem Zeitpunkt noch keine Ahnung.

Clemens registriert meine plötzliche Angst sehr genau. Das macht ihn sanft und vorsichtig.

»Schmeckt's, Em?«

»Ja, herrlich.«

»Kann ich mal einen Happen probieren?«

»Natürlich. Nein, warte, ich schneid' dir ein Stück ab.«

Sie kommen einmal im Monat zu ihm nach Hause. Vermittelt werden sie von einer gewissen Justine. Sie sucht sie für ihn aus. Er weiß selbst, daß sie nicht so heißt, aber er denkt oft an sie. Er hat sie nie gesehen, kennt sie nur aus den Telefonaten, und hängt an ihr. Er glaubt, daß sie die Mädchen liebevoll für ihn auswählt. Manchmal ertappt er sich dabei, daß er an sie denkt, während er mit einer der Frauen zusammen ist.

Sie hat nur spezielle Frauen. Spezielle Frauen bringen einen Koffer mit. Da wird einiges benötigt, sonst geht es nicht.

Sie fesseln ihn, hängen ihn auf, binden ihn fest, schlagen ihn, reißen ihn auseinander.

»Es ist furchtbar«, sagt er. Als er sein Weinglas zum Mund führt, zittert seine Hand. Er trinkt, verschluckt sich und bekommt einen heftigen Hustenanfall. Bellend entschuldigt er sich, steht auf und geht zur Toilette. Er stolpert, fängt sich jedoch wieder.

Ich blicke ihm nach, aber ich bin schon nicht mehr da.

Als ich ihm das Hemd aus der Hose ziehe, stöhnt er.

»Nein, oh, nein.«

Langsam knöpfe ich das Hemd auf. Er legt mir die Hände auf die Hüften, aber ich nehme sie wieder fort.

»Nein, Clemens. Rühr mich nicht an.«

Ich will auch keine Küsse.

Ich nehme ihm die Brille ab, streife das Hemd an seinen Armen hinunter und ziehe ihm das Unterhemd über den Kopf. Er hat viele große Muttermale auf der Brust, Warzen schon fast, mit Härchen. Nur die Haut rings um den Buckel ist glatt. Ich streichle sie. Ich küsse seine Brustwarzen. Er stöhnt.

Ich knie vor ihm nieder und löse seine Schnürsenkel, setze ihn auf den Bettrand und ziehe ihm die Schuhe und dann die Socken aus. Nacheinander nehme ich seine Füße in die Hände, streiche über den Spann, massiere die Sohlen, fahre mit der Zunge zwischen seine Zehen, lecke seine Füße sauber.

Er legt mir die Hand auf den Kopf. Ich nehme sie fort und lege sie in seinen Schoß zurück.

Noch immer kniend, öffne ich seinen Gürtel und streife Hose und Unterhose gleichzeitig ab. Er sitzt zusammengekauert auf dem Bettrand und verfolgt jede meiner Bewegungen. Als ich aufstehe und mich vorbeuge, um die Decke zurückzuschlagen, höre ich ihn leise schluchzen. Ich schaue ihn an.

»Dies ist der glücklichste Tag meines Lebens«, sagt er.

Ich sage nichts. Ich fasse ihn an den Schultern, drücke ihn aufs Bett und decke ihn zu.

Ich finde mich erst wieder, als ich ohne erkennbaren Grund mitten in der Nacht wach werde. Ich liege auf dem Rücken und starre an die Decke. Es ist Sonntag.

Ich konzentriere mich auf das rasselnde Geräusch seines Atems und stelle mir dabei in allen Einzelheiten eine Luftröhre vor, mit einem Schleimpfropfen darin, der hochgetrieben wird, wenn er ausatmet, es aber nicht bis oben schafft und rasselnd an den Wänden der Luftröhre wieder abwärts gleitet, unten aufkommt, wieder hochsteigt und wieder herunter.

Es nützt nichts.

Ich bin vollkommen unerreichbar, außer für den Ekel.

5
Der Physiker

An einem Morgen im Januar begraben wir Miel van Eysden. Das Wetter macht auch mit. Der Wind könnte kaum schneidender sein. Er jagt ein paar schwarze Gewitterwolken über unseren Köpfen dahin, treibt sie auseinander, dann wieder zusammen. Ab und zu gießt eine dieser Wolken eiskalten Regen aus, genau auf die kleine Prozession durchgefrorener Fremder, die dem Sarg folgt. Und so muß es auch sein.

Miels Mutter geht an der Spitze des Zuges, direkt hinter dem Leichenwagen. Ihre große Nase ist knallrot, das weiße Haar ist verfilzt und sieht aus wie eine Strohperücke. Sie ähnelt einem Clown. Sie geht allein, stolz, den Blick gesenkt. Hin und wieder muß sie ihre Schritte verlangsamen, weil sie sonst einfach das schwarze Auto überholen würde. Niemand braucht sie zu stützen.

Ab und zu schaue ich auf den Mann neben mir. Nicht zu oft. Wenn ich ihn ansehe, weiß ich minutenlang nicht, wie ich mich wieder beruhigen und meinen jubelnden Bauch zum Schweigen bringen soll.

Ich versuche, an Miel und an den Tod zu denken, aber alles gerät mir ein bißchen durcheinander, und ich denke an den Tod, die Liebe und das Leben zugleich. Das Beste, was ich mir vorstellen kann, ist, daß Miel selbst noch hinter diesem Wirrwarr steckt und es so lenkt, daß sein

Tod der Anfang von wieder neuen Verwicklungen ist und somit noch zu irgend etwas gut.

Im Kopf löse ich Rechenaufgaben. Die Zahlen, die zu diesem Tag, zu diesem Monat, diesem Jahr gehören, addiere ich, multipliziere, subtrahiere, dividiere sie. Ich will auf dreiunddreißig kommen. Wie viele Tage ist es her, daß ich den Brief bekam? Welches Datum hatten wir an dem Tag?

Das Klappern des Briefkastens war für mich schon immer ein Signal, alles stehen und liegen zu lassen. Manchmal hörte ich mitten im Satz auf zu lesen und rannte die Treppe hinunter, um die Post heraufzuholen.

Auf dem Boden im Flur lagen mehrere Umschläge. Vom letzten Treppenabsatz aus konnte ich den quadratmetergroßen Flur überblicken und versuchte schon im voraus abzuschätzen, ob etwas Interessantes dabei war und ich nicht mit enttäuschender graugrüner Bankpost abgespeist wurde. Das Beste waren private Briefe, und an diesem Tag hatte ich Glück, denn mein Blick fiel direkt auf einen blauen Luftpostumschlag, den König unter den Briefumschlägen.

Unten angekommem sah ich, daß der Brief an M. Lune adressiert war. Ich wunderte mich, denn die Handschrift auf dem Umschlag war nicht die des Astrologen. Auf der Rückseite stand kein Absender.

Post erzeugt eine seltsame Spannung, und nach Spannung bin ich süchtig. Es ist eine merkwürdige Sucht, denn die Spannung, nach der man süchtig ist, wird begleitet von einem ebenso heftigen Verlangen, sie so rasch wie möglich aufzulösen und damit den Genuß abzumurksen.

Mit Briefen kann man das Spiel schön in die Länge

ziehen, man hat das Spielfeld für sich allein. Da liegt eine Geschichte eingepackt, und was darin steht, weiß man nicht. Zwischen der Spannung, die der ungesehene Inhalt weckt, und dem Verlangen, ihn so schnell wie möglich zu erfahren, ist man selbst Schiedsrichter. Was da geschrieben und abgeschickt wurde, liegt jetzt in deiner Reichweite. Niemand nimmt es mehr weg.

Ich legte den Umschlag ungeöffnet auf den Tisch, wie ich es mit Briefen immer mache. Dann ging ich in die Küche. So gelassen wie möglich bestrich ich eine Scheibe Vollkornbrot mit Butter, suchte im Kühlschrank nach einem Belag und mußte feststellen, daß der Käse alle war. Jetzt wurde es schwierig. Ich konnte die Sache ausdehnen, zum Käsehändler an der Ecke laufen und mir in aller Ausführlichkeit ein Käseomelett mit feinen Kräutern machen, oder aber ich beschränkte mich auf die Gurke, die noch im Kühlschrank lag. Ich entschied mich für letzteres. Eins zu null für den Brief. Dann fummelte ich an der Gurke herum, schnitt sie in dünne Scheiben und bestreute sie mit Pfeffer, Salz und Oregano, als mir plötzlich einfiel, daß ich noch geriebenen Meerrettich hatte. Davon drapierte ich ein kleines Häufchen neben das Brot. Im Zimmer räumte ich eine Ecke des Tisches frei, ging noch einmal in die Küche zurück, um mir ein Glas zu holen, und schenkte mir aus der angebrochenen Flasche Rotwein ein. Jetzt stand es eins zu eins. Ich trank einen Schluck auf das Leben und auf die Einsamkeit des Glücks und öffnete den knisternden Umschlag mit einer Schere.

Im Umschlag befanden sich zwei Blätter, ein handbeschriebenes blaues Blatt und ein anderes, das auf den ersten Blick wie ein Telex oder ein Computerausdruck aussah. Sowohl auf der Vorder- als auch auf der Rückseite des zweiten Blattes stand in der mir unbekannten Handschrift:

»Lieber zuerst lesen.«

Um es noch spannender zu machen, beherrschte ich mich und schaute auf der Rückseite des blauen Blattes nicht nach, wer der Schreiber war, sondern folgte der Anweisung und las zuerst das maschinengeschriebene Blatt.

AUVERS-SUR-OISE – Spürhunde fanden gestern abend die sterblichen Überreste des 47jährigen M. van E. aus Amsterdam, der seit einer Woche als vermißt galt. Er war in eine 20 Meter tiefe Schlucht gestürzt. Polizeilichen Angaben zufolge war er, seinen Kopfverletzungen nach zu schließen, sofort tot gewesen.

Ich starrte auf den Bericht und versuchte mir klarzumachen, daß es sich um den Astrologen handelte, daß er tot war. Es dauerte eine Weile. Dann wußte ich es. Nun sollte schnell der Kummer kommen, fand ich, aber er saß fest hinter einem viereckigen Klotz, der mir mit seinen scharfen Kanten in die Luftröhre schnitt. Erst als mir ungebeten uralte Sätze in den Sinn kamen – maßgeschneidert, als ob sie schon immer geduldig in meinem Kopf gewartet hätten, um allzeit und endlos wiederholt zu werden –, bekam ich wieder Platz für die Luft und auch für den Schmerz.

»Gott sei seiner Seele gnädig«, murmelte ich, »der Herr sei ihm gnädig, er möge ruhen in Frieden, ad resurrectionem mortuorum.«

Mein armer Freund, die arme Seele.

Das blaue Blatt war längst nicht mehr so spannend. Ich vermutete schon, wer es beschrieben hatte.

Paris, Januar 1984

Liebe M. Lune,
Entschuldige, daß ich Dich mit einem Namen anreden muß, der Dir vielleicht jetzt weh tut, aber ich habe Miel nie anders von Dir reden hören als von Monsieur Lune. Und das finde ich auch schön so. Deinen richtigen Namen weiß ich nicht, und in Miels Adreßbuch stehst Du unter Monsieur Lune. Typisch Miel.

Der beiliegende Bericht soll heute oder morgen in den niederländischen Zeitungen erscheinen. Ich finde, Du hast ein Recht darauf, auf persönlichere Art über Miels Tod informiert zu werden.

Frau van Eysden ist direkt von der französischen Polizei verständigt worden und hat Miel am Morgen nach der Entdeckung des Leichnams identifiziert. Sie hat mich von Auvers aus angerufen. Sie sagte etwas von einem friedlichen Lächeln um Miels Mund. Als Trost, glaube ich.

Wenn alles gut geht, wird sein Leichnam morgen in die Niederlande überführt und nächsten Montag in Hengelo beigesetzt. Die Van Eysdens haben dort ein Familiengrab. Sein Vater liegt schon dort.

Morgen früh fahre ich mit dem Zug in die Niederlande und werde dann am Montag zur Beerdigung gehen. Ich würde Dich gern treffen. Miel hat oft von Dir gesprochen. Ich werde Dich nach meiner Ankunft kurz anrufen, um zu hören, ob dir ein Treffen paßt und ob wir etwas verabreden können.

Ich wünsche Dir Kraft – denn es ist sehr traurig. Verzeih meine schlechte Schrift.

Hugo Morland

Die Frankreich-Reisen des Astrologen hatten immer in Paris begonnen und auch dort geendet. Er hatte dort am liebsten bei Hugo Morland und seiner Frau Sibylle gewohnt. Er war Niederländer, sie Französin, und beide arbeiteten als Physiker am Institut d'Astrophysique.

Der Astrologe hatte sie einmal als das Spiegelbild seiner Eltern bezeichnet: Alles, was an seinen Eltern negativ war, kehrte bei den Morlands in umgekehrter, positiver Form wieder. Ich erinnerte mich nicht mehr, wie der Astrologe Hugo Morland kennengelernt hatte, aber ich wußte, daß es eine langjährige Freundschaft war, die in seiner Kindheit in den Niederlanden begonnen hatte.

Die Erzählungen des Astrologen hatten mich immer wieder auf Monsieur und Madame Curie, wie er sie auch manchmal nannte, neugierig gemacht. Als ich vor ein paar Jahren mit ihm nach Paris fuhr, war die Enttäuschung groß, als ich merkte, daß die Morlands gerade zu dieser Zeit bei einem Kongreß in Berkeley waren.

Vor der Physik habe ich eine heimliche Ehrfurcht. Wenn das Bild des genialen, zerstreuten, mit Formeln jonglierenden Erfinders noch irgendwo seinen Platz hat, dann in der Physik. Verglichen mit einer so exakten Wissenschaft verblaßt die Philosophie rasch zu einer wolkigen Angelegenheit, die längst nicht mehr mithalten kann mit dem, was die Physiker zu denselben Problemen zu sagen haben, worüber sich auch die Philosophen ständig den

Kopf zerbrechen. Die Entstehung des Weltalls, der Ursprung des Lebens, die Grenzen der Welt, das Wesen der Zeit und den wechselseitigen Zusammenhang davon entdecken, so daß alles in einem einzigen einfachen, umfassenden Gedanken begreifbar wird – darum geht es doch? Was soll also die Rivalität zwischen Geistes- und Naturwissenschaften?

Für mich sind sie auch helle Köpfe, diese Physiker, hygienischer als Philosophenköpfe, bar jeder Romantik, aber damit auch – wie soll ich sagen – ziemlich aliterarisch. Trotz seiner verzweifelten Bemühungen, ein Wesen der Wirklichkeit zu sein, bleibt der Philosoph doch der Sklave einer verschmähten Rhetorik.

In den Schmerz der Erinnerung an den Astrologen, an unsere gemeinsamen Stunden, unsere Gespräche, seine traurigen Augen, die gebeugte Gestalt, seine Tränen und seinen Wahnsinn mischte sich die erregende Aussicht, endlich einen echten Physiker und Naturwissenschaftler kennenzulernen. Durch sein Hin-und-her-Wandern hatte der Astrologe uns bereits durch ein Netz von Erzählungen miteinander verbunden, und ich war neugierig, ob seine Beschreibungen zutrafen. Ich wollte auch gern wissen, warum der Physiker dem Astrologen damals geraten hatte, mir Foucault mitzubringen.

Es war Donnerstag, vier Tage vor der Beerdigung. An diesem Abend rief er an.

»Monsieur Lune? Hier Morland«, sagte er und verstummte dann völlig.

Ich glaube, ich habe es sofort gespürt: einen Schauer, hervorgerufen durch die Trägheit, mit der er seinen Namen aussprach, einen pulsierenden Rhythmus, in dem die Worte an mein Ohr drangen, jedes Wort abgegrenzt, in Stille eingebettet, sich wiegend in Ruhe. Das darauffolgende Schweigen war so vollständig, daß es eine Spannung erzeugte, die ich sofort auflösen mußte, indem ich ihn lang und breit willkommen hieß, wie war die Reise, undsoweiter.

Jede seiner Antworten war denkbar knapp und hatte den gleichen Rhythmus wie seine ersten Worte, die gleichen unverschämt langen Intervalle.

Er wollte Fisch essen. Wir würden uns in der Halle seines Hotels treffen und danach zu »Lucius« gehen.

»Und wie erkennen wir uns?«

»Wir erkennen uns«, sagte er.

So war es auch.

Er stand mit verschränkten Armen aufrecht und entspannt an eine Marmorsäule in der Mitte der Halle gelehnt. Die Trägheit seiner Stimme hatte sich optisch in seinen Zügen fortgesetzt. An seinem Gesicht fielen vor allem die halbgeschlossenen, tiefliegenden Augen auf. Er war um die vierzig, hatte schütteres Haar, ein breitflächiges Gesicht und einen großen Mund, dessen Unterlippe auf einem leicht abfallenden, vorstehenden Hügel ruhte, von dem sie kaum abgegrenzt war. Die Oberlippe war anders, schmaler und in der Mitte von einem langgezogenen Amorbogen unterteilt.

Er war kein ausgesprochen schöner Mann. Er hatte

etwas, das ich bis dahin noch nie bei jemand anderem wahrgenommen hatte. Ich hörte es zuerst in seinem Sprechrhythmus, sah es dann in seinem Gesicht und später in allen Bewegungen seines Körpers: eine träge Elastizität, die Sinnlichkeit eines Tempos. Wenn er ging, hatte er etwas von einem satten, faulen Löwen unter glühender Sonne an sich. Keine seiner Gesten war brüsk oder abrupt.

Er schaute mich an, rührte sich aber nicht. Er lächelte nicht, zog nicht die Augenbrauen hoch, brachte nichts in diesem Gesicht für das übliche Begrüßungsspiel in Position. Ich geriet dadurch völlig durcheinander. Ich fand ihn unwiderstehlich.

»Hugo?« frage ich, während ich auf ihn zugehe.

»Lune«, sagt er und löst sich langsam von dem Pfeiler.

Wir warten auf den Seeteufel. War es wirklich ein Unfall, haben wir einander gefragt. Wir wissen es nicht.

Drei Monate vor seinem Tod hat Hugo ihn noch in Paris gesehen.

»Er war schon ziemlich chaotisch, als er aus Amsterdam kam, nachdem du ihn zum letzten Mal gesehen hattest. Danach ist er eine Zeitlang in Südfrankreich herumgereist, wieder auf der Suche nach einem Ort, denke ich. So gegen Ende September rief er uns dann an und fragte, ob er ein paar Tage bei uns wohnen könnte.

Er sah wüst aus, schlimmer, als je zuvor. Ich konnte dem, was er sagte, kaum noch folgen. Miel war der einzige Eingeweihte in seinem System geworden. Diese ganzen Zusammenhänge – es war einfach zuviel. Er sprach damals viel von seinem Widerwillen gegen Van Gogh und davon, daß es ihn trotzdem unerbittlich zu den Orten hinzog, an denen Van Gogh gelebt und gearbeitet hatte. ›Und schon bin ich wieder in Arles‹, du weißt ja, wie so etwas bei Miel manchmal herauskam. Er sei dort herumgelaufen, erzählte er, über die Felder, ohne zu wissen, was er da eigentlich suchte. Plötzlich war eine Krähe wildgeworden oder so und hatte ihn angegriffen. Sie hatte ihn ins Ohr gehackt und war dann weggeflogen. Danach sei er völlig fertig gewesen.

Miel erzählte ja oft komische Geschichten. Ich hab' sie immer geglaubt. Er war kein Phantast, jedenfalls nicht, wenn er von der realen Wirklichkeit redete. Und den Schorf von einer Wunde am Ohr hat er mir selbst gezeigt. Komisch, was? Trotzdem hab' ich damals zum ersten Mal gedacht, jetzt wird Miel völlig verrückt. Nein, so war's eigentlich nicht. Ich glaube, Miel selber dachte zum ersten Mal in seinem Leben, er verliere den Verstand.«

»Armer Astrologe.«

»*Le besoin de la fatalité* hat Sibylle es genannt.«

»Schön gesagt«, versetzte ich und plapperte noch irgend etwas vom Trost des angemessenen Ausdrucks, der poetischen Umschreibung, dem treffenden Bild. Es half nichts. Das Bild des einsamen Astrologen, wie er über die Felder Frankreichs irrte, und das erstickende Verlangen, mich an Hugos Körper zu drücken und dort laut und ausgiebig zu weinen, ließen sich nicht so einfach verscheuchen.

Je länger der Abend dauerte und je vollständiger die Lebensgeschichte des Astrologen wurde – so vollständig war sie für mich nie gewesen – desto größere Reue empfand ich. Immer wieder fielen mir peinliche Momente ein, als ich schnippisch zu ihm gewesen war oder ihn gar nicht hereingelassen hatte.

Der Astrologe war Hugos älterer Nachbarsjunge gewesen. Sie hatten dasselbe Hobby: die Sterne. Hugo bekam zu seinem elften Geburtstag von seinen Eltern ein Teleskop, und von da an verbrachte der Astrologe ganze Tage bei ihm in seiner Dachkammer. Der Astrologe war nicht gern zu Hause, und auch Hugo fand es dort unerfreulich. Den alten Van Eysden beschrieb er als einen ruppigen, autoritären Mann, einen guten Wissenschaftler, aber schlechten Vater, der verliebt war in die Genauigkeit seiner Frau, in die unergründlichen Tiefen der Erde und seinen eigenen Intellekt, von kühler Gleichgültigkeit gegen alles, was mit diesen Dingen nichts zu tun hatte. Miel hatte nichts damit zu tun. Er hatte eine Mordsangst vor seinem Vater.

»Miel war doch immer der Ansicht gewesen, seine Eltern hätten ihn fürs Leben deformiert. Davon ist er nie losgekommen. Im Grunde ist er ein ganz kindlicher Mann geblieben, voller Angst, selbst aktiv zu werden und in den Augen seines Vaters zu versagen. Seine Mutter hätte ihn retten müssen, aber die kroch vor ihrem Mann und hat ihn abgöttisch verehrt.

Manchmal kam Miel zitternd vor unterdrückter Wut in mein Zimmer, so daß ich dachte, er würde gleich explodieren. ›Hau ihm doch mal ordentlich eins in die Fresse‹, sagte ich dann zu ihm, aber das konnte er nicht. Und dann schauten wir wieder mal in die Sterne. Das beruhigte ihn. Dann konnte er es alles auch sehen und verstehen, wie er sagte. ›Es muß so sein‹, meinte er dann, fast glücklich. Er hatte dann gesehen, daß der Mars seines Vaters an diesem Tag seine Sonne blockierte oder so etwas. Der ganze Blödsinn gab ihm Halt.«

Wir lachen uns wehmütig an. Säße der Astrologe doch hier mit uns am Tisch und wünschelte uns zusammen! Aber das wage ich Hugo nicht zu sagen und erzähle ihm deshalb, woran ich immer denken muß, an das Bild vom Rad im Kopf des Astrologen, und wie es jetzt zusammen mit seinem Gehirn zerschmettert ist.

»Ja«, sagt Hugo, »er hatte den Himmel immer im Kopf. Was er machte, war bis zu einem bestimmten Punkt das gleiche wie das, was ich mache. Er arbeitete mit exakten Messungen, er wußte, wie es da oben aussieht, er schaute, rechnete, bestimmte die Positionen der Planeten im Raum bis auf den Grad genau und kannte ihre Umlaufbahnen. Nur daß er dann zum Magier wurde und ich nicht. Sobald er das Firmament kartiert hatte, fing er an, die Topologie des Himmels zu benutzen, um eine Landschaft des menschlichen Geistes damit zu entwerfen. Da beginnt natürlich die Mystifikation. Der Magier bleibt nicht bei den Sternen oben, sondern er springt hinunter, mit seinen Berechnungen in der Hand, und behauptet dann etwas über den menschlichen Charakter und seine Zusammenhänge mit den Sternen. Ein Astronom sucht auch nach Zusammenhängen, aber er bleibt oben, bei den Sternen selbst, und versucht etwas über ihr Benehmen, wenn man so will, herauszufinden.«

Wie erklärte er sich, daß der eine Astrologe wurde und der andere Astronom?

»Ich hab' mal gelesen, daß die Philosophie, die man vertritt, letzten Endes etwas damit zu tun hat, wer man ist, als Person. Stimmt das?«

Ich nicke.

»Wir waren verschiedene Personen, er und ich. Man könnte sagen, Miel hatte das Bedürfnis nach einem Schicksal, aber ebensogut könnte man sagen, es war ein Bedürfnis nach Autorität, nach jemandem, der ihm das Gesetz vorschrieb, der ihn akzeptierte oder ablehnte, auf jeden Fall über ihn urteilte. Ich glaube, ich bin deshalb Physiker geworden, weil ich Autorität in keiner Form vertrage. Es ist der Knabentraum des Physikers, die herrschenden Gesetze umzustoßen. Die Physik gestattet es, nie etwas als absolut oder unantastbar anzusehen, und so eine Haltung paßt zu mir. Ich habe daraus meinen Beruf gemacht.«

Wir aßen wenig und tranken viel.

»Du hast Glück«, sagte Hugo, als wir gegen zehn draußen standen. Er hatte eine Hand auf meine Schulter gelegt und zum Himmel aufgesehen. Ich begriff, daß er den Mond meinte, der voll und rund über Amsterdam hing.

»Es bleibt ein seltsamer Gedanke«, sagte er. »Wir sehen die Sterne und schauen auf etwas, das nicht mehr ist. Was wir jetzt sehen, ist die Vergangenheit.«

Das wußte ich. Das hatte ich schon irgendwo gelesen.

Die Hand auf meiner Schulter wog schwerer als dieses Wissen.

Wir gingen zu seinem Hotel zurück. Er wollte früh schlafen gehen, hatte er gesagt. Er war müde von der Reise, und er hatte Sibylle versprochen, sie noch kurz anzurufen.

Die Enttäuschung schmerzte schon viel zu sehr, und ich nahm mir vor, mir nichts in den Kopf zu setzen, was mir aber nicht gelang.

Nachdem wir uns vor dem Hoteleingang verabschiedet hatten, nachdem er meinen Kopf festgehalten hatte, ruhig, ohne Hast, ohne Unbeholfenheit, einen Kuß auf meinen Mund gedrückt hatte und dann gesagt, daß Miel sich keinen besseren Namen für mich hätte ausdenken können, hielt ich noch so lange auf dem Fahrrad durch, bis ich sicher war, daß er mich nicht mehr sehen konnte. Dann stieg ich ab und ließ, über ein Brückengeländer gebeugt, einem keuchenden Weinkrampf so gedämpft wie möglich freien Lauf.

»Arschloch!« beschimpfte ich die Nacht, weil ich keinen anderen Adressaten hatte und außerdem finde, daß man so etwas zu einem Menschen nie laut sagen darf.

Was hab' ich schon zu bieten? Verglichen mit ihm bin ich nichts als ein furchtsames Nervenbündel, und er ist mit seiner Französin natürlich vollauf zufrieden. Dagegen komme ich nicht an. Französin, das ist ungefähr gleichbedeutend mit Vollkommenheit. Schöne Frau und perfekte Geliebte, rank und schlank, hochbeinig, selbstsicher, elegant, kultiviert, raffiniert und auch noch intelligent. Und sie arbeiten zusammen. Was will man noch mehr? Monsieur und Madame Curie – seit Platon ist die vollkommene Harmonie zwischen Mann und Frau nicht mehr so scharf wiedergegeben worden wie mit dem Namen dieses Ehepaares. Er liebt sie. Er redet fortwährend von ihr, Sibylle. Er ist großartig. Es ist absurd, ein törichtes Begehren.

Ein klingelndes Telefon setzte meinem Monolog ein Ende.

»Lune«, sagte er, »ich will das Meer sehen. Ich hab' ab zwei Uhr einen Wagen zur Verfügung. Kommst du mit?«

Strandspaziergänge sind nichts für mich. Ich langweile mich am Meer. Es ist eiskalt draußen, ich bin im Handumdrehen völlig durchgefroren. Ich muß flache Laufschuhe tragen, und er ist dann vollends doppelt so groß wie ich. Ich kriege vom Wind einen knallroten Kopf. Er ist verheiratet.

»Ja.«

Im Auto war es schön warm, und er fuhr ungeniert langsam. Den linken Unterarm hatte er auf den Türgriff gelehnt, die rechte Hand lag oben auf dem Lenkrad. Alle anderen Autos überholten uns. Es kümmerte ihn nicht. Mir war es auch egal. Er schwieg und sah sich die Landschaft an und manchmal mich. Ich hatte auch nichts zu sagen und schaute ihn oft an.

Ich vertraute ihm. Das Seltsame an Hugo war, daß dieses Vertrauen gerade durch das Unvorhersehbare seiner Reaktionen hervorgerufen wurde, durch das Fehlen von Theater. Das ganze konventionelle Schnutenziehen hatte auf ihn keine Auswirkung und wurde durch seine ruhige Weigerung, ein Lächeln mit einem Lächeln, ein Nicken mit einem Nicken, einen Blick mit einem Blick zu beantworten, auch für mich zum leeren Grimassenspiel.

Wir sind doch daran gewöhnt, daß andere uns entgegenkommen und unmittelbar auf uns reagieren wie Schauspieler auf das Stichwort ihres Mitspielers, daß sie ihr Gesicht in die erwünschten Falten legen und uns nicht in der frostigen Einsamkeit einer unbeantworteten Geste zurücklassen. Hugo tat genau das. Ich fühlte mich durch ihn stets in eine aufgekratzte, etwas nervöse Stimmung versetzt, lächerlich alleingelassen und zugleich voll Bewunderung für seine ungewöhnliche Art, die erwarteten Kausalitäten über den Haufen zu werfen.

Nach zehn Minuten Gehen fror ich bis auf die Knochen, das konnte er sehen. Wir gingen dann auch gleich zu einem Restaurant in den Dünen, aber es dauerte mir immer noch zu lang, bis wir dort waren.

»Miserabler Kreislauf«, murmelte er, als ich zehn schneeweiße Finger aus meinen Handschuhen hervorzog. Er nahm meine Hände und hielt sie ruhig in seinen warmen Händen. Ich sah ihn an und lächelte. Er sah mich auch an und lächelte folglich nicht.

Wieder staunte ich über Hugos Augen. Gestern mochte es die Müdigkeit gewesen sein, ein schläfriger Blick, aber heute sahen sie genauso aus, versunken hinter hoch gewölbten, halbgeschlossenen Lidern.

Ein Kellner nahm unsere Bestellung auf. Ich fand, daß es jetzt wieder genug war und benutzte die Gelegenheit, meine Hände zurückzuziehen. Bevor er sie losließ, verstärkte er seinen Griff einen Augenblick lang. Das verwirrte mich. Meine Hände waren mir plötzlich auch zu viel, bei ihm waren sie besser aufgehoben gewesen.

Wir tranken Kaffee mit Kognak, und ich fragte ihn, was er eigentlich genau mache, dort drüben, in Paris.

»Rechnen.«

»Und was berechnest du?« fragte ich, worauf er mir zu erklären versuchte, was es heißt, Möglichkeiten zu berechnen, weshalb es in der Physik nicht mehr um die Materie gehe, sondern um Tendenzen, um Ereignisse, warum er mit dem Begriff Wahrscheinlichkeit arbeiten müsse. Er sprach vom Tod der Sterne, von der Ungreifbarkeit der Schwerkraft, von der imaginären Zeit, von schwarzen Löchern.

Ehrlich gesagt, wußte ich damit nichts anzufangen, und es nützte auch nichts, daß er einen Kugelschreiber hervorzog und mir auf der Rückseite von Bierdeckeln Versuchsapparaturen aufzeichnete, womit sie beweisen wollten, daß mit völliger Sicherheit nichts mehr zu beweisen war.

Er drückte sich deutlich genug aus, daran lag es nicht, und er fing auch immer wieder von vorne an, wenn er sah, daß ich es nicht kapierte, aber was er sagte, war mir einfach zu hoch. Ich verstand die Wörter, denn sie waren glasklar, und ich kannte sie obendrein aus Abhandlungen über die Fiktion, über Ellipsen, Parabeln und dergleichen, aber ohne es zu begreifen, hörte ich das Unglaublichste, was ich seit Jahren zu hören bekommen hatte. Ich war aufgeregt und durcheinander und wünschte, ich hätte selber Physik studiert.

Er lachte über den Feuereifer, mit dem ich zuhörte und ihn immer wieder dasselbe sagen ließ.

»Wenn ich dich sehe, kann ich mir gut vorstellen, was

die armen Gelehrten am Anfang des Jahrhunderts durchgemacht haben müssen«, sagte er. »Mit einem Schlag steht die Welt auf dem Kopf, und jeden Tag wird ein neuer Beweis erbracht für die Unhaltbarkeit von Gesetzen, mit denen sie als Wissenschaftler aufgewachsen sind. Hilflos müssen sie mitansehen, wie das jahrhundertealte Ideal einer umfassenden und objektiven Beschreibung der Natur völlig zunichte gemacht wird. Durch die Quantenmechanik muß ihre heile, unversehrte Welt neu eingeteilt werden, und dabei wird plötzlich ein Gebiet frei, auf dem der Physiker selbst ins Spiel kommt und seine Subjektivität nicht länger draußen vor der Labortür lassen kann. Am besten kann man das an einem Mann wie Einstein sehen, an der Hartnäckigkeit, mit der er versucht hat, ein zerbröckeltes Weltbild aufrechtzuerhalten, und alles getan hat, um den Zufall von der Domäne der Physik fernzuhalten. Weißt du, was er gesagt hat?«

»Nein.«

»›Gott würfelt nicht!‹ hat er gesagt.«

»Das hat Einstein gesagt?«

»Ja, scheint so.«

»Hat Einstein denn an Gott geglaubt?«

»Jedenfalls hat er nicht an den Zufall geglaubt, Lune.«

In meinem Kopf war ein ziemlicher Tumult. Ich versuchte zu behalten, was Hugo erzählt hatte, über den Zerfall, über Spiegelbilder, freie Teilchen, das Zwillingsparadox, Anfang und Ende des Weltalls, die Grenzen, die Unschärferelation und das Gesetz des zunehmenden Chaos, aber ich konnte es nicht, es war zu unvorstellbar. Das Unvorstellbarste war eigentlich, daß all diese schönen Begriffe in den Bereich der Physik gehörten. Während ich ihnen zuhörte und hörte, wie Hugo sie verwendete, um mir etwas über die Neutronen, Protonen und Photonen zu verdeutlichen, zog ich sie schon zu mir herüber, beraubte sie ihrer Bedeutung für die Kenntnis der physischen Welt, um sie in meinem Kopf zu Wörtern umzuschmieden, mit denen man etwas über das Leben im allgemeinen und dem eines Schriftstellers im besonderen aussagen konnte.

»Eigentlich sind das alles mathematische Konstrukte«, sagte er, »und wenn wir so etwas konstruiert haben, müssen wir, um doch etwas von der Wirklichkeit zu begreifen, so tun, als wären die Konstrukte real, als wären sie Stoff, Materie, etwas, das sich in Raum und Zeit befindet. Aber es bleiben Wörter, mit denen wir spielen, Namen, die wir den Formeln und Zahlen gegeben haben. Du hast einfach ein falsches Bild von uns, Lune. Es gibt wirklich originelle Köpfe in unserem Fach, täusch dich da nicht. Sie denken sich verrückte Namen für die Teilchen aus, ein bißchen mystische auch, obwohl mir das nicht so gefällt.«

»Was für Namen?«

»Ich kann sie nicht übersetzen. Wir verwenden die englischen Ausdrücke, *charm* zum Beispiel oder *strangeness.* Wie würdest du das übersetzen?«

»*Strangeness?* Als Name für ein Konstrukt? Eine Seltsamkeit, würde ich sagen. Aber *charm, a charm?* Ist das nicht ein Amulett oder so etwas?«

»*Un charmeur* ist ein Zauberer.«

»Bist du ein Charmeur?«

»Wohl kaum«, sagt Hugo, und ich sehe zum ersten Mal,

daß man auch ihn in Verlegenheit bringen kann. In seiner Unterlippe zittert etwas. Er sieht mich ganz ruhig an und lächelt. Und dann sagt er – undeutlich, aber ich höre es –, daß er sich im Moment eher als Opfer eines Zaubers fühlt.

In diesem Augenblick weiß ich, daß wir uns lieben werden. Und er beginnt es zu ahnen.

Es ist schon spät, als wir beschließen, noch einmal an den Strand zu gehen, um uns den Sonnenuntergang anzusehen. Der Kognak hat mein Blut erhitzt, und die Kälte macht mir nichts mehr aus. Wir müssen ein Stück durch die Dünen und dann einen Hang hinunter. Ich bin ausgelassen und auch ziemlich ängstlich. Vor dem, was kommen wird, vor der Nacktheit und der Liebe.

Vielleicht gehe ich deshalb nicht, sondern renne den Hang hinunter und weiter auf den Strand, der roten Glut auf dem Wasser entgegen. Ich fühle mich jünger, als ich bin, und sehr übermütig. Ich habe auch Lust, laut zu schreien und mich im Sand zu wälzen, aber das tue ich alles nicht. Erst als ich außer Atem bin und stehenbleibe, höre ich seine Schritte hinter mir. Ich drehe mich um. Er rennt wie ein Athlet, das sehe ich. Ich gehe in die Knie, schlage mir ein paarmal mit den Händen auf die Schenkel und öffne dann weit die Arme. Komm in mein Häuschen.

Er fällt nicht darauf herein. Er hört auf zu rennen, kommt auf mich zu und schlingt die Arme um meine Beine, drückt sie in meine Kniekehlen und hebt mich hoch in die Luft. Ich muß mich an seinem Kopf festhalten.

»Du bist ein leichtes Ding«, sagt er.

Dicht an seinen Körper gedrückt gleite ich abwärts, bis

unsere Gesichter auf gleicher Höhe sind. Ich schlinge die Beine um seine Hüften. Ich spüre, daß er mich auch will. Ich werde ihn küssen. Ich spitze die Lippen und komme näher. Er macht keine Mundbewegung, aber das kenne ich jetzt schon und drücke meine lachenden Lippen auf seine, atme ihn ein. Seine Lippen sind überraschend weich. Ich werde ganz ruhig und lege meine Wange an seine.

»Lune?«

»Ja.«

»Ich glaube, ich werde ein bißchen mondsüchtig«, sagt er.

»Hurra!« sage ich.

Wir blieben noch eine Weile stehen und schauten die Sonne an, als er etwas Schreckliches sagte und ich auf der Stelle nach Hause wollte. Er sagte, daß auch die Sonne sterbe.

»Die Sonne erlischt allmählich«, sagte er, und daß wir dann aufhören würden zu existieren. Ich fragte ihn, warum er gerade jetzt, da ich mehr denn je nach Ewigkeit verlangte, so etwas Trauriges erzählen müsse. Ich sagte, ich hätte direkt sofort keine Lust mehr, auch nur noch einen Schritt zu tun, etwas zu unternehmen, Pläne zu machen. Und wie er mit diesem Wissen weiterleben könne.

»Aber das dauert doch bestimmt noch fünf Milliarden Jahre«, sagte verwundert.

»Das ist mir völlig schnuppe. Es ändert nichts daran. Ewigkeit ist Ewigkeit, und da darf es kein Ende geben. Niemals.«

Er war erschrocken, ich war traurig. Er drehte mein Gesicht zu sich herum.

»Du weinst doch nicht deswegen«, sagte er, »es geht doch um etwas anderes.«

Schon möglich.

Auf dem Rückweg schweigen wir. In Amsterdam gebe ich ihm den Weg zu meiner Wohnung an, ganz selbstverständlich, wir brauchen kein Wort darüber zu verlieren. Erst als wir in mein Zimmer treten und ich ihn da stehen sehe, einen so großen Mann in meinem kleinen Zimmer, das vollgestopft ist mit Büchern, in dem überall Papier liegt, ganze Stapel Papier, wo eigentlich kein Mann eintreten kann, ohne eine Beziehung zu entweihen, meine Beziehung zu diesem Zimmer und diesen Büchern, zu den Reliquien meiner Vereinzelung, erst dann habe ich plötzlich Lust, zu reden und zu reden, mit Reden anzufangen und vorerst nicht aufzuhören.

Er sieht, wie aufgewühlt ich bin. Er hebt mich hoch und trägt mich zum Bett in der Ecke. Er legt mich hin und setzt sich aufrecht neben mich. Er streichelt mein Gesicht, meine Stirn. Etwas Unsinniges steigt in mir auf, ich weiß nicht, warum, aber ich muß es aussprechen.

»Hugo?« frage ich mit geschlossenen Augen.

»Ja.«

»Ich muß etwas Komisches sagen. Darf ich? Ich will dich etwas fragen. Ich will dich fragen, ob du mich in die Liebe einweihen willst, ob du mein Lehrmeister sein willst. Es ist zwar absolut gelogen, aber ich möchte dir jetzt sagen, daß ich noch Jungfrau bin und von der Liebe keine Ahnung habe. Das stimmt natürlich nicht. Ich habe wahrhaftig alles getan, was Gott unter der Sonne verboten hat, aber heute fühle ich mich, als wäre ich noch Jungfrau und noch nie mit einem Mann im Bett gewesen. Kannst du mich lehren zu lieben?«

Ich öffne die Augen. Sein Blick ist sanft und ernst.

»Gut«, sagt er.

»Du brauchst nicht über die Liebe zu reden«, sage ich, »aber du mußt mir alles über deinen Körper sagen, du mußt mir sein Geheimnis verraten. Ich will es wissen.«

Am nächsten Morgen habe ich schon eine Weile dagelegen und sein Gesicht angeschaut, bevor er wach wird. Ich kann den Blick nicht von ihm abwenden, obwohl ich es will, denn ich komme mir selber zu sehr wie eine zweitrangige Schauspielerin in einem B-Film vor, aber so ist es nun mal, ich muß ihn anschauen. Er erwacht auf die gleiche Art, wie er geht und schaut und wie er mich heute nacht unterwiesen hat, bedächtig, fließend, als gäbe es keinen gähnenden Abgrund zwischen Traum und Wirklichkeit.

»Lune«, sagt er träge und schlingt einen Arm um mich.

»Meister«, sage ich.

»Wie fühlst du dich?« fragt er.

»Reif«, antworte ich.

Wir frühstücken. Wir sitzen am Tisch, zwischen den Bücherwänden. An eines der Regalbretter ist ein Foto von Monsieur Foucault geheftet. Ich habe es aus einer Zeitschrift ausgeschnitten. Er sitzt an einem Tisch, auf dem eine einfache Schreibmaschine steht. Im Hintergrund sieht man die Wände seiner Wohnung, voller Bücher. Er sitzt auf einem Stuhl aus Holz und hat die Unterarme auf den Tisch gestützt. Er ist völlig kahl und er trägt eine Brille mit Metallgestell und rechteckigen Gläsern. Er betrachtet den Betrachter. Ich sehe ihn jeden Tag an. Heute finde ich, daß Hugo und er eine gewisse Ähnlichkeit haben, ohne gleich zu sehen, worin die Übereinstimmung sich versteckt.

»Beschäftigst du dich noch mit Foucault?« fragt Hugo, als er das Bild sieht.

»Den begehre ich auch«, sage ich lachend. »Du hast hier deine eigene Konkurrenz hereingebracht.«

»Das hab' ich schon befürchtet«, sagt er.

Hugo will wissen, warum ich Philosophie studiere. Ich trödele mit der Antwort. Ich schwanke, ob ich sagen soll: »Um mich im Sterben zu üben« oder »Weil ich mir ein persönliches Schicksal ersehne.« Beide Antworten sind gleich schön. Beide stammen auch nicht von mir. Eigentlich sind sie zu schön, um wahr zu sein.

»Um leben zu lernen«, sage ich schließlich, ohne zu wissen, daß jemand anderes auch das schon einmal so gesagt hat. Dahinter komme ich erst später.

»Kannst du das denn nicht?«

»Was?«

»Leben.«

»Nein«, sage ich, »ich kann es nicht gut genug.«

Er fragt mich, ob ich es denn von einem Mann wie Foucault lernen könne.

»Ja, und von dir.«

Von wem sonst?

Bis zum Morgen der Beerdigung verlassen wir nur ein einziges Mal das Haus, um Lebensmittel zu kaufen. Danach bleiben wir drinnen. Der Ofen ist voll aufgedreht. Es ist mollig warm im Zimmer.

Er kann stundenlang regungslos im Bett liegen, schlafen, starren, lesen. Ich bin ruheloser, stehe immer wieder auf, setze mich so an meinen Tisch, daß ich ihn sehen kann, und versuche zu studieren.

Manchmal ruft er mich.

»Lune, leg dich zu mir, ich muß dir noch was beibringen.«

Ich habe ihn natürlich gefragt, ob er seine Frau schon früher einmal betrogen habe. Er verneint. Was Sibylle dazu sagen würde, will ich wissen.

»Sie wird mir alle Knochen brechen«, war die Antwort.

»Wirst du's ihr sagen?«

»Ja.«

Ich empfinde zwar Scham, aber nie lange. Ich sage ihm, daß es an ihm liegt, an seiner Unerschütterlichkeit und auch an der Dunkelheit in seinem Gesicht, das so verschlossen ist, daß man nur schwer darin lesen kann.

»Alles, was ich an dir begreife«, sage ich zu ihm, »liegt in deinem Körper. Nicht einmal in seiner Form, sondern in seinem Tempo, in der Dauer deiner Bewegungen, in der Ruhe zwischen den einzelnen Gesten.« Ich sage ihm, daß es sein Tempo ist, was mich an ihm am meisten anzieht.

»Du bist so irdisch«, sage ich, »so linear. Was suchst du nur da oben bei den Sternen?«

Er sagt, er beneide mich.

»Für alles hast du Worte«, sagt er. »Miel hat immer gesagt, du hättest die Konstellation eines Schriftstellers, aber du würdest den Schritt nicht wagen.«

Es tut weh, das zu hören. Hugo bemerkt es. Er beginnt mich zu streicheln, langsam und ergeben. Ich möchte weinen. Ich genieße das Gefühl der Schwere und die Mühe, die es mich kostet, jetzt zu sprechen, aber ich spreche. Ich erzähle ihm von dem Widerstand, dem Suchen und Warten, daß ich noch nicht will, nicht kann, daß es ist, als müßte ich erst alles wissen, alles kennenlernen und vor allem vieles wieder verlernen, ausprobieren, was möglich ist. Daß man so vieles sein kann, daß so viel möglich ist. Daß ich keinesfalls aus einem Mangel an Möglichkeiten schreiben wolle, sondern im Gegenteil, daß ich aus dem Überfluß schöpfen wolle. Ich weiß es nicht. Ich kann es selbst nicht ganz fassen. Im Grunde ist es Wahnsinn.

Ich versuche, so lange wie möglich weiterzureden, gegen die Übermacht des Körpers. Hugo hat sich aufgestützt. Er streichelt mich und sieht mich an. Er hört zu. Und ich sehe ihn an, während ich rede, weine. Es ist ein Kampf. Ich muß zusehen, daß mein Atem oben bleibt, bei meinem Kopf, bei meiner Stimme.

»Deshalb muß ich lernen«, sage ich. »Ich darf mich nicht irren. Darum dreht sich eigentlich alles, auch das hier, das mit dir. Ich kann es nicht richtig erklären. Die Antwort ist ganz nah, aber immer wieder entwischt sie mir. Aber sie kommt bestimmt, meinst du nicht?«

Dann fordert mein Bauch all meinen Atem.

»Sollen wir mal alle möglichen Katastrophen durchspielen und zusammen Trübsal blasen?« frage ich ihn in der letzten Nacht.

»Es muß eine Episode bleiben, Lune. So ist es nun mal.«

Ich lasse mir nichts anmerken. Man kann nicht dauernd jammern, das wird langweilig. Aber Episoden vertrage ich nicht, wenn es darauf ankommt. Was ist eine Episode? Etwas Einmaliges, Unbedeutendes, ein Vorkommnis ohne Wichtigkeit, ohne Wert.

»Das ist es also?« frage ich wütend. »Ein unbedeutender Vorfall?«

»Jetzt redest du Unsinn, das weißt du selbst«, erwidert Hugo so ruhig wie immer. »Du weißt, daß ich das nicht meine.«

»Weißt du, was Unsinn ist, Hugo? Eine Episode, das ist Unsinn.«

»Das war unglücklich ausgedrückt«, sagt er. »Du darfst mich nicht auf Wörter festnageln. Sag mir lieber, was du willst. Komm, sag's mir. Wovon träumt Lune?«

Wir lachen wieder. Ich fühle mich wie nach der Widerspenstigen Zähmung.

»Weißt du, wovon ich träume? Von der Wiederholung. Von einer endlosen Reihe von Episoden.«

Am Morgen ist Hugo zum ersten Mal vor mir wach. Er ruft mich. Ich höre ihn in der Ferne. Er sagt, ich müsse aufwachen, wir müßten Richtung Osten, zur Beerdigung.

Es ist eine Stimme aus dem Jenseits, aber ich weiß nicht, was ich tun muß, um dorthin zu gelangen, auf die andere Seite, zu ihm. Ich habe vergessen, wie ich die Lider auseinander bekomme, wie mein Gehirn das Signal weiterleiten muß. Dort sitzt die Ohnmacht, an der Verbindung zwischen meinem Verstand und meinem Gesicht.

Ich spüre, wie er mich hochhebt, meinen schlaffen Körper auf seinen Schoß zieht und mich sanft wiegt.

»Du warst wie tot«, sagt er später.

Das Rechnen fällt mir heute schwer. Ich komme einfach nicht auf dreiunddreißig und gebe es auf, als wir den Friedhof betreten. Die Zeit hat sich zu einer Ewigkeit in einem Tag verdichtet, der mit mir durchgebrannt ist und nun wieder zurück in den Kalender muß.

Es ist der 30. Januar 1984. Hugo fährt mit dem Zug um 16.45 nach Paris zurück, kommt um 21.45 an der Gare du Nord an und wird dort von Sibylle erwartet. Kurz vor unserer Abfahrt nach Hengelo hat er sie angerufen. Sie war außer sich und voller Sorge. Sie hatte mehrmals vergeblich im Hotel angerufen.

»Je te dirai«, sagt Hugo, »bald.«

Später, danach, wird alles begreiflich.

Es ist schlimm, einen Menschen begraben zu müssen.

Frau van Eysden steht bereits am Rand der Grube. Der Sarg ruht auf einem Holzgestell über der Grube. Sie schaut nicht auf den Sarg, sondern in die Grube, darunter. Man wartet, bis alle sich um das Grab versammelt haben. Der Mann vom Bestattungsinstitut gibt dem Priester ein Zeichen, als es soweit ist, und der Priester liest aus einem Buch die Gebete vor. Dann nickt der Mann

Frau van Eysden zu, um ihr zu signalisieren, daß alles vorbei ist.

Sie schüttelt den Kopf. Sie zeigt auf den Sarg. Der Mann schaut sie fragend an, denn er versteht nicht, was sie meint.

Ich schon. Hugo auch. Hugo legt seinen Arm um mich.

Wir sehen Frau van Eysden auf den erstaunten Mann zugehen und hören, wie sie ruhig und mit klarer Stimme zu ihm sagt:

»Sie müssen jetzt den Sarg hinablassen, in meinem Beisein.«

Es ist nicht mehr üblich, den Sarg in Gegenwart der Trauergäste hinabzulassen. Der Mann will sie flüsternd über das geänderte Ritual aufklären.

»Es ist mein einziger Sohn, und ich will, daß Sie den Sarg jetzt in die Erde hinunterlassen«, sagt sie.

Sie dreht sich um. Für sie ist der Fall erledigt, und sie geht wieder zu ihrem Platz am Rande der Grube zurück. Es sieht aus, als ob sie sehr tief über etwas nachdächte. Ein konzentrierter Ausdruck liegt auf ihrem Gesicht.

Die Männer, die den Sarg zum Grab getragen haben, kommen heran und bitten die Umstehenden, ein wenig zur Seite zu treten. Auch uns, Hugo und mich. Ich weiß, daß er auch findet, daß wir alles mitansehen müßten und bis zum Schluß dabeibleiben.

Die Träger fassen die Enden der Riemen, die unter dem Sarg durchlaufen, und legen sie sich über die Schultern. Der Bestattungsunternehmer nimmt die Blumen und das Tuch vom Sarg und bittet einen anderen Mann, ihm beim Forträumen des Gestells zu helfen. Da hat Frau van Eysden sich bereits vorgebeugt und zieht an einem der Bretter.

Es beginnt wieder zu regnen.

Das einzige Geräusch, das wir hören, ist das Ächzen der Mutter des Astrologen. Sie ächzt vor Anstrengung.

Die Träger halten den Sarg in der Schwebe, indem sie an den Riemen ziehen. Dann lassen sie die Riemen nach, und der Sarg verschwindet langsam in der Erde. Frau van Eysden blickt auf. Sie sucht etwas. Ein Stück von der Gruppe entfernt stehen zwei Männer mit Spaten in den Händen. Sie entdeckt sie und geht auf sie zu. Sie fragt einen der Männer, ob sie den Spaten haben kann. Die Männer wissen auch nicht, wie ihnen geschieht und reichen ihr fast gleichzeitig ihre Spaten. Mit dem Spaten in der Hand kehrt sie zum Grab zurück und beginnt fleißig, frischen Sand zu schaufeln.

6
Der Künstler

Sosehr ich auch darüber nachdenke, ich komme nicht mehr dahinter, was mich auf Lucas Asbeeks Spur brachte und dafür sorgte, daß sein Name sich in meinem Kopf einnistete und über Jahre dort blieb.

War es Anton Pasmans Roman *Der Künstler,* der ihm gewidmet ist? War es eines seiner Objekte, die ihn in den sechziger Jahren so berühmt gemacht haben? War es ein Interview in einer niederländischen Zeitung, das ich herausriß, aufhob und dann nicht wiederfand? Ab und zu kam es mir wieder in den Sinn, und ich durchsuchte alle Mappen, weil ich sicher war, daß es irgendwo stecken mußte.

Der Schlußstein war jedenfalls der Dokumentarfilm *Der Verrat der Dinge.* Er wurde am Samstag, dem 23. März 1985, ausgestrahlt, sechs Tage vor meiner Abschlußprüfung.

Auf einmal kam alles zusammen.

Ob dies der Anfang ist, weiß ich nicht. Es muß Oktober gewesen sein, ein Herbsttag mit viel Wind und Regen. Es war im Jahr 1982, soviel ist sicher, denn ich hatte beschlossen, meine Arbeit an den Freitagnachmittagen im Antiquariat aufzugeben.

Manchmal gibt es im Leben Ereignisse, deren Anfang

und Ende deutlich markiert sind, Ereignisse mit einem Auftakt und einem Abschluß, abgerundete Vorfälle, die die Struktur einer Erzählung haben.

Daran mußte ich denken, als ich im Antiquariat saß und darauf wartete, daß es Zeit wurde, den Laden zu schließen. Weil meine Freundschaft mit dem Astrologen hier begonnen hatte, wollte ich, daß er mich kurz nach sechs abholte. Wir würden zusammen irgendwo in der Stadt essen gehen und das Ende meiner Zeit in De Pijp feiern.

Es hatte ihn gefreut.

Ich sitze zum letzten Mal in diesem Laden, da kommt dieser Mann herein.

Er trägt einen fahlgrünen Regenmantel und hält eine abgenutzte Aktentasche in der Hand. Sein dickes graues Haar ist naß vom Regen. Er hat hellblaue Augen.

Es passiert etwas mit mir, als ich ihn sehe, etwas Heftiges, Unerhörtes, das mich vor Angst und zugleich vor Verlangen lähmt. Das ist nicht normal.

Er hat das Gesicht in seiner vollkommensten Form.

Ihn habe ich gesucht.

Das Antiquariat ist klein, mehr oder weniger ein Wohnzimmer mit Büchern. Man kann darin kaum umhergehen. Wie beklemmend eng es ist, wie dicht man sich hier auf der Pelle sitzt, wird mir erst bewußt, als er eingetreten ist.

Der Ofen brennt.

Er grüßt mich mit einem kurzen Nicken und einem

Blick, der dafür zu lang dauert. Es ist ein ambivalenter Blick; für Sekundenbruchteile bekämpfen sich darin Verschlossenheit und Offenheit.

Ich bleibe sitzen und wage mich kaum zu rühren.

Er sieht sich um, nimmt ein Buch aus dem Regal mit den übersetzten Romanen, blättert ein wenig darin und setzt sich dann auf den Hocker neben dem Ofen. Dieser Hokker steht immer dort. Ich habe noch nie erlebt, daß jemand sich darauf gesetzt hat. Er läßt sich durch nichts stören. Er liest. Er sitzt ganz entspannt da.

Ich bekomme kaum Luft. Die Spannung nimmt mir den Atem. Der Raum ist zu klein für uns beide, und ich habe Angst, daß etwas passieren wird, etwas Unvermeidliches.

Aber es passiert nichts.

Nach einer Weile steht er auf und kommt an meinen Tisch. Er legt das Buch, in dem er gelesen hat, vor mich hin. Er will es kaufen. Ich schaue hinten drin nach, wieviel es kostet. Es ist, als wäre ich blind, meine Augen bleiben an der ersten Zahl kleben und können nicht weiter. Ich kann nicht mehr lesen. Ich habe das Gefühl, daß alles ziemlich lange dauert und ich mich sonderbar benehme.

Ich nenne mechanisch die Zahl, und er gibt mir Geld. Ich muß ihm herausgeben, aber ich kann mich nicht erinnern, den Betrag ausgerechnet zu haben. Ich glaube, ich habe auf gut Glück irgendeine Summe hingelegt.

Als er die Tür hinter sich zumacht, sitze ich erschlagen auf meinem Stuhl, erleichtert und verlassen. Es ist noch zu früh, überlege ich, ihm zu begegnen. Ich bin noch nicht dazu bereit.

Auf einmal bin ich todmüde.

Am Abend erzählte ich dem Astrologen davon, aber er konnte mir auch nur sagen, daß mein Mond mich an diesem Tag sehr empfänglich machte. Das nützte mir nichts.

Ich wollte wissen, wer der Mann war.

Ich würde ihn bestimmt wieder treffen, sagte ich zum Astrologen.

»Es kommt, wie es kommt«, sagte er.

Die Teekanne und das Glasfenster gehörten zur ständigen Sammlung eines Museums mitten in Holland. Von Objektkunst verstand ich nicht viel, und wovon man wenig versteht, das schätzt man auch geringer.

Mit Lucas Asbeeks Arbeiten war es anders.

Ich sah sie und verstand sie auf eine Art, wie ich bis dahin nur Gedichte verstanden hatte: intuitiv, total und fast immer, ohne einem anderen erklären zu können, was mich an ihnen so anrührte.

Mit der Teekanne war es genauso. Ich glaube, es lag an den Wörtern und an der Handschrift. Lucas Asbeek beschriftete die Objekte.

Die Teekanne stand auf einem Sockel, über den ein blau-weiß kariertes Handtuch gelegt war. Von weitem sah sie aus wie eine normale, dickbäuchige Teekanne, anheimelnd und allein schon imstande, das Bild einer kompletten Familienszene zu beschwören.

Erst, wenn man näher kam, sah man, wie Asbeek die harmlose Teekanne zu einer Art Folterinstrument umfunktioniert hatte. Der Ausgießer hatte kein willig aufgesperrtes Mündchen mehr, sondern ein verbittert zusammengepreßtes Lippenpaar, und der Deckel war mit dicken Leimklumpen auf der Kanne festgeklebt. Die einzige Öffnung, durch die etwas vom Inhalt nach draußen gelangen konnte, war ein winziger, verdrehter Ausgießer direkt über dem Griff. Was auf den ersten Blick wie ein zartes rosa Streifenmuster aussah, entpuppte sich bei näherem Hinsehen als der vielfach wiederholte Satz: »Keine Angst, Liebste, wenn es drin ist, kommt es auch raus.«

Ich fand es schmerzhaft schön.

Das Glasfenster stand in einem der Säle des Museums. Die beiden Scheiben in dem großen aufrecht stehenden Rahmen waren so bearbeitet, daß sie aussahen, als wären sie ständig beschlagen und als hätte jemand soeben etwas mit der Fingerspitze daraufgeschrieben. Schob man die rechte Scheibe hinter die linke, gingen die beiden Texte auf den Fensterscheiben ineinander über und bildeten zusammen die Verneinung dessen, was jeder für sich allein besagte.

Ich vergaß immer wieder, was da genau geschrieben stand. Wenn ich von Zeit zu Zeit in das Museum ging, nahm ich mir jedesmal vor, die Texte abzuschreiben, aber wenn ich dann an Ort und Stelle war, wurde ich wieder von Asbeeks Handschrift bezaubert und fand es dann sinnlos, nur die Texte mit nach Hause zu nehmen.

Es waren nicht nur Lucas Asbeeks Arbeiten, die mich an das Lesen von Gedichten erinnerten, auch Asbeek selbst hatte auf mich eine andere Wirkung als andere Künstler. Kein Bild, Gemälde oder Foto, kein Film und keine Komposition hatten in mir je ein Verlangen nach dem Urheber geweckt, während jedes gute Buch nicht nur Bewunderung, sondern auch ein unmögliches, irreales Begehren nach seinem Autor in mir wachrief. Hinter der Teekanne und dem Glasfenster verbarg sich in meinen Augen ein Dichter, und der Dichter war es auch, dem ich irgendwann, irgendwo wieder begegnen sollte.

Das Interview ist unauffindbar. Ich weiß nicht mehr, in welcher Zeitung es gestanden hat, welcher Journalist es gemacht hat und wann es erschienen ist. Es hat mich beeindruckt, aber ich kann nicht einmal mehr sagen, warum. Ich erinnere mich nur noch vage an seine Tendenz, und auch das nur wegen des seltsamen Fotos von Asbeek, das dabei war.

Man sah von ihm nur seinen Hinterkopf, den Nacken, die Schultern und einen Teil seines Rückens. Er trug einen Hut und sah nach oben, in die Luft. Dem Bild nach zu schließen, mußte er ziemlich groß sein.

In dem Interview sagt er, er wolle nicht fotografiert werden, weil die Person des Künstlers nichts mit dem Werk zu tun habe. Ein gutes Kunstwerk sei ein Kunstwerk, das die Wahrheit berühre, und die Wahrheit könne man nicht einer Person zuschreiben, da hänge kein Namensschild dran. Nach Lucas Asbeeks Auffassung sollte alle Kunst so anonym sein wie die Wahrheit.

Ich suchte damals noch nach Hinweisen auf sein Liebesleben, nach den Namen von Frauen, Kindern, Freundinnen, aber ich fand sie nicht. Es ging um das Umherstreifen und Suchen, um Kunst und andere gewichtige Dinge.

Darum geht es auch in dem Roman von Anton Pasman.

Er heißt *Der Künstler* und handelt von der Freundschaft zwischen einem Maler (Simon) und einem Schriftsteller (Philip). Der Maler denkt zuviel über das Malen nach und kann deshalb nicht mehr malen, und der Schriftsteller denkt auch viel über das Schreiben nach, schreibt aber dann wenigstens noch ein Buch darüber.

Der Künstler ist Lucas Asbeek gewidmet. Ich weiß zwar, daß eine Romanfigur mit der realen Person nie völlig identisch ist, ebensowenig wie der Erzähler mit dem Autor gleichgesetzt werden darf, aber ich las den Roman, als handle er von Lucas Asbeeks Leben, als habe Anton Pasman kaum etwas erfunden.

Was allerdings mit Sicherheit erfunden sein mußte, war Simons Tod. Pasman läßt ihn am Morgen seines siebenundfünfzigsten Geburtstages Selbstmord begehen. Philip, der Schriftsteller, findet ihn leblos zwischen Himmel und Erde baumelnd auf seinem Dachboden in De Pijp. An seinem Zeh hängt ein Schildchen. Darauf hat Simon geschrieben: »Ich habe die Wahrheit doch noch entdeckt. Ich bin, der ich bin. Damit kann man, ehrlich gesagt, nicht leben.«

Es war Simons Tod in dem Roman *Der Künstler*, der mich auf die Idee zu meiner Diplomarbeit brachte.

Es war zu spät, um sich so kurz vor dem Ziel noch einer anderen Philosophie zuzuwenden, aber eigentlich hatte ich von dem Wort »Text« allmählich gründlich die Nase voll. Es war mir zu wenig, ich wußte, es gab mehr, aber ich hatte mich den vorgeschriebenen Denkmustern nicht entziehen können. Es widerstrebte mir, mich in die wachsende Schar jener Studenten einzureihen, die eine Arbeit nach der anderen über das Claustrum des Textes schrieben, über den Tod des Autors und die Textualität des Lebens.

Originell war das alles schon lange nicht mehr, und ich hätte gern rechtzeitig etwas anderes gedacht, aber ich hatte es nicht gedacht. Wie die anderen erklärte ich Sartre für unlesbar und war fasziniert von Monsieur Derrida. Die Frage, warum wir alle von denselben Ideen besessen waren, beschäftigte mich noch am meisten, aber ich hatte keine Zeit mehr, sie zu beantworten. Auf einmal hatte ich es eilig. Ich wollte weg von der Universität. Es wurde Zeit, nach draußen zu gehen.

Wenn ich jetzt nicht darauf vorbereitet war, würde ich es nie sein.

Guido de Waeterlinck mußte ich von meinen Plänen für meine Diplomarbeit erzählen, und so kam es, daß ich zum ersten Mal über diese schon seit Jahren wuchernde Obsession sprach, diese Leidenschaft für einen Unbekannten, den ich nur von einigen Objekten, aus der Zeitung und aus einem Roman kannte. Davon mußte diese Arbeit in irgendeiner Form handeln, sagte ich zu Guido.

Er sprach daraufhin von der trennenden Macht der Verehrung, von Vermittlung, Dreiecksbeziehungen und davon, daß Anbetung ein aufrichtiges Bedürfnis des religiösen Menschen sei. Und er sagte etwas über Idole und Stars. Sie hätten die Funktion der Priester und der Heiligen übernommen. Wir könnten heute nur noch über Idole mit dem Heiligen in Kontakt treten, weil wir ihnen eine Verbindung zum Göttlichen zuschrieben.

»Sie sehen«, sagte Guido, »Ihr Verlangen nach Lucas Asbeek ist wieder einmal eine verkappte Form Ihres Verlangens, sich mit dem Heiligen auseinanderzusetzen.«

Der Gute.

Der einzige andere Mensch, mit dem ich je über Lucas Asbeek sprach, war Daniel Daalmeyer. Es kam, weil Daniel mir von der Kunstsammlung seines Vaters erzählte. Die meisten Werke sagten ihm nichts, aber den *Engel* von Lucas Asbeek hätte er sich gern übers Bett gehängt. Es war ein knubbelig-barocker, goldfarbener Cherub. Statt wie üblich mitleidsvoll auf das irdische Getümmel niederzuschauen, hielt dieser Cherub den Blick flehend zum Himmel gerichtet. Auf dem Spruchband, das er hochhielt, stand zu lesen: »Offenbare dich doch mal.«

Ich erschrak, als ich den Namen Lucas Asbeek hörte, und zögerte, ob ich mich und meine idiotische Besessenheit preisgeben sollte, aber ich kam nicht dagegen an, und ehe ich mich's versah, hatte ich Daniel schon gefragt, ob er Lucas Asbeek persönlich kenne.

Daniel antwortete selten, ohne vorher eine Gegenfrage zu stellen, und um eine Antwort zu bekommen, mußte ich ihm von der Teekanne und dem Glasfenster, der Zeitung und dem Roman erzählen. Ich versuchte mich zurückzuhalten, um nicht ins Schwärmen zu geraten, aber Daniel hat einen scharfen Blick, und sofort trat in seine Augen der spöttische Ausdruck, mit dem er mich so oft ansah.

Lucas Asbeek war einer der zahlreichen Künstler unter den Patienten seines Vaters gewesen und hatte ihm, wie so viele dankbare Künstler-Patienten, eines seiner Werke geschenkt. Daniel kannte ihn nicht persönlich und konnte daher leider nicht als Mittelsmann für mich auftreten.

»Es wird Zeit, daß ich auch endlich berühmt werde«, hatte Daniel noch hinzugefügt. »Ruhm wirkt erotisierend, und nichts regt die Rettungsphantasien der Frauen mehr an als ein düster blickender Künstler.«

Nur zu gern hätte ich Guido de Waeterlincks Interpretation geglaubt, aber der von Daniel vertraute ich mehr. Sie war unangenehmer, also zutreffender.

Das ist ein komischer Zug.

Er ist mir durch mein Spiegelbild bewußt geworden. Der Spiegel, in dem ich mich schlaff und aufgedunsen, welk, grau und häßlich sehe, offenbart mit einem Schlag den schmeichelhaften Betrug aller vorangegangenen Spiegelbilder, und das abstoßendste Spiegelbild erscheint mir als getreueste Wiedergabe meiner selbst.

Kunst und Leben, Schein und Wirklichkeit, Lüge und Wahrheit, um diese uralten Gespanne geht es in dem Roman *Der Künstler.* Die Dialoge zwischen dem Schriftsteller und dem Maler und die Worte, mit denen Simon von der Welt Abschied nimmt, brachten mich wieder auf ein anderes Zweigespann, Platon und Sokrates, den Schriftsteller und die Figur.

Zum ersten Mal seit langer Zeit las ich wieder die *Apologie des Sokrates* und glaubte plötzlich zu verstehen, worum es im Leben geht.

Das Schreiben beginnt mit dem Einstellen jeder anderen Bewegung, mit Stillsitzen, zu Hause bleiben. Ich setzte mich hin und schrieb, tagelang, wochenlang. Über Sokrates und Platon schrieb ich, über Maria und die Dreifaltigkeit, über Anton Pasman und Lucas Asbeek, über das Schicksal des Schriftstellers und das seiner Figuren, über die seltsame Bedeutung der Eigennamen, über die Angst, etwas zu veröffentlichen, auszustellen oder auf andere Art – auf dem Weg über ein Objekt – die Grenze zwischen Privatem und Öffentlichem zu überschreiten.

Ich stellte alles auf den Kopf und schlug während des Schreibens kaum ein Buch auf.

Ich wußte nicht einmal mehr, woher ich das alles hatte.

Eines Nachts war es fertig, und ich hatte keine Ahnung, ob es gut oder schlecht, Literatur oder Philosophie, wahr oder erfunden war.

In einer plötzlichen Anwandlung rief ich noch in derselben Nacht Guido de Waeterlinck an. Er meldete sich mit verschlafener Stimme.

»Geschafft«, sagte ich und weinte dann minutenlang. Nur mit Mühe konnte ich aufhören.

»Jetzt weiß ich, was Schreiben heißt«, sagte ich zu Guido.

»Und ist es das, was Sie wollen?«

»Wenn es wirklich sein muß, dann dürfte es das einzige sein, was ich überhaupt je will.«

Das verstand er.

»Jetzt schlafen Sie erst mal, gutes Kind.«

Am nächsten Tag las er, was ich geschrieben hatte. Ich saß dabei und sah ihm zu. Nach ein paar Seiten schien er meine Anwesenheit fast vergessen zu haben. Ich war auf einmal glücklich.

So saßen wir da, zusammen. Es war ein feierlicher Augenblick, denn wir nahmen Abschied voneinander und wußten es. Er wußte es, während er las, und ich wußte es, als ich ihn lesen sah, was ich geschrieben hatte.

Dann und wann lächelte er, und ich wußte warum.

Nach einer Stunde blättert er die letzte Seite um. Er schaut auf, sieht mich an und sagt: »Marie Deniet.«

»Anwesend«, sage ich.

»Willkommen in der Welt des Buches«, sagt Guido ein bißchen traurig, und auch ich bin jetzt ein bißchen betrübt, aber das muß so sein, und es ist schön.

»Ich glaube, es wird allmählich Zeit, daß Sie aufhören, sich so verbissen gegen das zu wehren, was Sie sind«, sagt Guido leise. »Was Sie hier geschrieben haben, ist doch eine Apologie des Schreibens. Was brauchen Sie denn sonst noch, um die Entscheidung für das Schreiben zu rechtfertigen?«

»Das, was ich noch nicht kenne«, antworte ich, »die Liebe.«

Nicht Wissenserwerb ist die stärkste Triebfeder für den Entschluß, nach der Schule weiterzulernen, statt arbeiten zu gehen, sondern der Aufschub und die damit verbundene Freiheit zu zweifeln. Was aufgeschoben wird, sind die Entscheidungen, mit denen wir unserem Bedürfnis entsprechen, uns zu binden und unfrei zu sein.

Zum ersten Mal lebte ich selber nicht mehr in der Freiheit des Hinausschiebens, einer Freiheit, die mich bis dahin zu jemandem gemacht hatte, der noch niemand war, aber ständig damit beschäftigt, jemand zu werden. Der

Aufschub war abgelaufen. Ich war niemand mehr. Das einzige, was ich noch vor mir hatte, war die rituelle Beendigung des Aufschubs selbst.

Der Termin für meine mündliche Abschlußprüfung war auf den 29. März festgesetzt. Zwischen dem Tag, an dem Guido meine Diplomarbeit las, und der eigentlichen Prüfung lagen drei Wochen. Länger brauchte die Leere auch nicht, um von mir Besitz zu ergreifen. Die Zeit höhlte mich aus und legte mich lahm. Ich war abwesend, unwirklich, ohne jede Bedeutung.

Nachdem ich zunächst ziellos durch die Stadt gewandert war, schloß ich mich eines Tages in meinem Zimmer ein, zog die Vorhänge zu, stellte Telefon und Klingel ab und ließ die Post im Flur liegen. Ich verkroch mich ins Bett und hätte genausogut tot sein können.

Es geschah, und ich konnte nichts dagegen tun.

Ich wußte, was es war: Es war der Fall. Er hatte hinterrücks begonnen, und ich wußte nicht, wie ich ihn aufhalten sollte.

Ein paar Tage vor der Prüfung stand ich wieder auf. Es war an einem Samstagmorgen. Ich hatte wenig gegessen und getrunken, und mir war schwindlig. Ich wusch mich und zog mich an, stellte Telefon und Klingel wieder an und suchte in der Küche nach einer Einkaufstasche.

Das Klingeln des Telefons schreckte mich auf. Bevor ich den Hörer abnahm, räusperte ich mich ein paarmal und übte laut Hallo-Sagen. Es war meine besorgte Mutter. Sie fragte, wo ich gewesen sei, sie habe so oft angerufen.

»Eine Weile weg«, sagte ich, »ich brauchte unbedingt mal eine Woche Ruhe.«

Ich versuchte, munter zu klingen, aber das Sprechen machte mir Mühe. Sie sagte mir, wer alles nach Amsterdam kommen werde, um meiner Examensfeier Glanz zu verleihen, und fragte, ob ich auch daran gedacht hätte, daß eine Woche später Ostern sei.

Ich hatte nicht daran gedacht.

»Ich komm' natürlich«, sagte ich.

Nachdem ich aufgelegt hatte, fühlte ich wieder etwas – Dankbarkeit, Rettung. Meine Mutter hatte der Zeit einen Namen gegeben und mich wenigstens wieder zu dem gemacht, was ich immer gewesen war und immer bleiben würde: eine Tochter, eine Schwester. Dafür brauchte ich nichts zu tun. Ich war es einfach so.

Ich überlegte, ob ich sie zurückrufen sollte, um ihr etwas besonders Nettes zu sagen, etwas schön Sentimentales, aber ich tat es nicht. Es hätte sie nur beunruhigt. So sentimental ist man bei uns zu Hause nicht.

Ich hatte Hunger.

Die Frau, die unter mir wohnte, hatte die Post in einem säuberlichen Stapel auf die unterste Treppenstufe gelegt. Ich ließ ihn unberührt. Er war meine nächste Zukunft, ein Grund, schnell wieder heimzukommen.

Draußen tat mir das Sonnenlicht in den Augen weh. Der leichte Wind ließ sie tränen. Es kümmerte mich nicht. Ich hatte ohnehin kein Make-up.

Ich kaufte frisches Brot, Butter, Käse und ausnahmsweise eine Zeitung. Dann fand ich, ich sei lange genug fort gewesen, und machte kehrt. Der erste kleine Ausflug hatte mich todmüde gemacht, und ich fing an, zu spüren, wie stark die Macht der Leere ist.

Auf der Fernsehseite stand er unter »empfehlenswert«. *Der Verrat der Dinge* wurde als ein fesselnder Dokumentarfilm über zwei Künstler beschrieben, die in kurzer Zeit zu großem Ruhm gelangt waren, von denen man aber später nicht mehr viel gehört hatte. Die Rede war von der Dichterin Nel Vat und dem Bildhauer Lucas Asbeek.

Ich wußte nicht, wie ich den Rest des Tages überstehen sollte.

Das erste Bild zeigte eine sehr schöne ältere Frau. Sie saß in einem Zimmer voller Nippsachen kerzengerade an einem antiken Schreibtisch. An den Wänden hingen Stilleben in Öl. Über ihrem Kopf hing ein Porträt von ihr selbst. Sie schrieb. Sie trug eine Brille, die an einer silbernen Kette befestigt war. Man hörte das Ticken einer Uhr.

Das nächste Bild zeigte Lucas Asbeeks Rücken. Den kannte ich schon. Er saß im Gras am Ufer eines Flusses und schaute reglos über das Wasser.

Die Kamera zoomte und schwenkte herum, so daß sein Profil ins Bild kam.

Es war das Gesicht in vollkommenster Form, das Gesicht des Mannes, den ich Jahre zuvor im Antiquariat in De Pijp gesehen hatte, des Mannes mit den hellblauen Augen, der mich so unerklärlich aus der Fassung gebracht hatte.

Plötzlich erschien sie mir ganz natürlich, diese unglaubliche Koinzidenz der Ereignisse.

Nel Vat sprach ohne Ende, fesselnd, geistreich, mit gewählten Worten. Sie habe vor den Menschen Angst bekommen, sagte sie.

»Luc Asbeek mochte den Ruhm wirklich nicht, glaube ich, aber ich fand es herrlich, im Rampenlicht zu stehen, ich habe es sehr genossen. Die Leute waren ganz verrückt nach meinen Gedichten, und ich war ihnen sehr dankbar dafür, daß sie sie so mochten. Heute mögen sie meine Gedichte nicht mehr und reißen sich nicht mehr um mich. Manchmal klingelt das Telefon eine ganze Woche lang nicht. Für mich ist das unbegreiflich, aber ich muß schreiben, etwas anderes bleibt mir nicht übrig.

Es sah doch so gut für mich aus. Verstehen Sie vielleicht, warum das Leben dann eine so dramatische Wendung nehmen muß?«

So lebendig sie sprach, so stumm waren die Bilder von Lucas Asbeek. Er sagte kaum etwas, und was er sagte, war vage und voller Zweifel.

Man sah ihn spazierengehen, essen, lesen oder in die Luft gucken. Eine undurchdringliche Einsamkeit umgab ihn. Man vergaß, daß er von einer Kamera begleitet und gesehen wurde, und dadurch entstand ein Widerspruch zwischen Echtheit und Pose: Lucas Asbeek ließ den Zuschauer sehen, wie ungesehen er lebte.

Nach der Sendung war ich ganz durcheinander und schämte mich.

Am Morgen des 29. März wachte ich von selbst auf. Erst dachte ich gar nicht daran, aber nach ein oder zwei Stunden war ich so nervös, daß ich mich nicht einmal mehr an den Titel meiner Diplomarbeit erinnern konnte. Platon, Derrida? Nie gehört. Die Prüfung sollte um zwei Uhr stattfinden, und ich hatte darauf bestanden, daß sie öffentlich sein sollte. Jetzt fragte ich mich, warum ich mir so etwas antat. Ich überlegte, wie ich diese Entscheidung noch rückgängig machen konnte, alle anrufen und ihnen Bescheid sagen, um dann, wie jeder andere Student auch, hinter geschlossenen Türen und in der sicheren Gegenwart Guido de Waeterlincks und seiner Beisitzer meine Arbeit zu verteidigen.

Im Grunde wollte ich auch das nicht mehr. Ich war doch keine Philosophin. Das einzige, wozu mein Schreiben mich geführt hatte, war das Schreiben selbst, war etwas so Seltsames wie Stil. Der Stil hatte am meisten Mut erfordert, aber allein an der Krücke des Stils humpelnd, würde ich nicht mehr als eine lahme Philosophin abgeben, eine Exegetin, eine sklavische Hermeneutikerin, eine Journalistin der Ideenlehre. Und das wollte ich nicht.

Im Grunde wußte ich das schon immer.

Gegen ein Uhr waren alle da: meine Eltern, meine Brüder, Daniel, Clemens, Aaron, Ilda, Kat. Ich war die einzige Abwesende. Ich mußte mir fortwährend meine eigene Existenz in Erinnerung rufen.

Wir gingen zum Oudemanhuispoort. In der Hoffnung auf ein wenig Pathos versuchte ich mich darauf zu konzentrieren, daß ich nun zum letzten Mal das Universitätsgebäude betreten, eine Welt verlassen, einen Lebensabschnitt beenden würde, aber es berührte mich nicht.

Am Rand der Grünfläche versammelte sich noch eine Gruppe von Leuten um einen Studenten. Sie gingen etwa gleichzeitig mit uns die Treppe zum ersten Stock hinauf, und während die Gäste dieses Studenten sich vor der Tür des Prüfungsraumes an der rechten Seite des Korridors aufstellten, traten meine Gäste ein und nahmen auf den dort stehenden Stühlen Platz.

Guido betrat den Raum, wie ich ihn unzählige Male den Hörsaal hatte betreten sehen. Er kam auf mich zu und begrüßte mich mit einem Kuß. Meinen Eltern und Brüdern gab er die Hand. Auch er war nervös.

Das machte mich ruhiger.

Jemand mußte hier kühlen Kopf bewahren.

»Dann wollen wir mal anfangen«, sagte Guido und schloß die Tür.

Eine Stunde später stand ich wieder draußen, gefeiert und mit Lorbeer bekränzt, vollkommen ruhig, von all dem unberührt und triefend naß. Aaron hatte eine Flasche Champagner geöffnet, und fast der ganze Inhalt war auf meiner Brust gelandet.

Ich fühlte mich müde und leer. Die Geräusche ringsum schienen von weither zu kommen und drangen kaum bis zu mir durch.

Auf dem Korridor stand ein Tisch mit Getränken, um den sich die Gäste des anderen Prüflings schon versammelt hatten. Mein Champagnerglas war leer, und ich ging auf den Tisch zu, um mir ein Glas Wein einzuschenken.

Ich blickte auf und sah ihn.

Er stand etwas abseits der Gruppe und beobachtete sie.

Sein graues Haar war ganz kurz geschnitten. Ich blieb erstarrt stehen und schaute ihn an, ich weiß nicht wie lange. Sein Glas war leer, und er drehte den Kopf zum Tisch. Er sah mich. Er schaute um sich, um zu sehen, ob jemand anderes meinen Blick so festhielt, aber da war niemand. Verwundert wandte er sein Gesicht wieder zu mir. Ich sah ihn an, ich konnte nicht anders. Er kam zu mir herüber.

»Müßte ich dich kennen?« fragte er.

»Nein«, sagte ich, »ich kenne dich.«

Dann sagte ich: »Ich suche dich schon sehr lange.«

Ich konnte alles sagen, ohne Scham, und ich konnte auch alles haben. Ich befand mich im Niemandsland, einer Zwischenzone, in der keine Gesetze galten und jedermann unverletzlich war. Von der Vergangenheit wollte ich nichts bewahren oder mitnehmen, und ein Anfang für eine Zukunft, die ich ängstlich hätte hüten müssen, war noch nicht gemacht. Ich hatte nichts zu verlieren.

»Wieso?«

»Mit dir habe ich eine Geschichte, aber ich kann sie dir jetzt nicht erzählen.«

»Studierst du hier?«

»Nein, nicht mehr.«

Ich sagte ihm, daß ich gerade Examen gemacht hatte. Er erzählte, ein junger Freund von ihm habe auch gerade seine Abschlußprüfung gemacht, über ein sehr schwieriges Thema, irgend etwas mit Kant. Er fragte mich, worüber ich geprüft worden sei.

»Über dich«, sagte ich, »über Menschen wie dich.«

Er kratzte sich den Kopf.

»Was ist das hier?«

»Die Verführungsszene«, erwiderte ich, »erster Akt: das Mysterium.«

Er lachte, und ich lachte auch. Durch das Lachen wühlte sich in meinem Bauch etwas los, unter den Steinen hervor, eine freudige Erregung, die mich plötzlich noch nervöser machte als in den Stunden vor der Prüfung. Mir wurde klar, daß ich die Universität verließ, daß ich jetzt bereit war, auch für ihn, für das andere Leben, das wirkliche Leben, mit ihm.

An seinen Augen sah ich, daß er verwirrt war, mißtrauisch und neugierig zugleich. Die Lider waren rot gerändert und ein bißchen geschwollen.

»Du hast Kummer«, sagte ich.

»Ich bin verzweifelt«, erwiderte er darauf sofort. Er wußte nicht, ob er es hätte sagen sollen. In seinem Blick lag Panik.

»Ja, du bist verzweifelt.«

»Können wir uns mal treffen? Dann könntest du mir alles erzählen über Menschen wie mich.«

»Gut.«

»Wann?«

»Am Samstag.«

»Morgen?«

»Ja, morgen.«

»Nein«, sagte er, »dann lieber nächsten Samstag.«

»Wo?«

»Im Arti?«

»Gut, ich bin um neun dort.«

Mit dem Glas in der Hand ging ich zu meinen Gästen zurück. Ich hatte weiche Knie, und meine Hände zitterten.

»Ich glaube, jetzt melden sich die Nerven erst richtig«, sagte meine Mutter. »Du bist ganz blaß und zittrig. Kennst du den Mann?«

»Ja«, sagte ich und verstummte.

»Wer war denn das?« fragte meine so unerschrockene Mutter.

»Eine Figur«, erwiderte ich.

»Nein, sag, im Ernst.«

»Dein zukünftiger Schwiegersohn«, sagte ich im Ernst.

»Der Mann da? Aber Kind, das könnte ja dein Vater sein!«

»Hätte sein können«, sagte ich und fügte noch hinzu, daß ich an Ostern nicht nach Hause kommen könne.

Ich liebe ihn, dachte ich, ich werde ihn retten. Vielleicht ist das meine Bestimmung. Man muß doch etwas tun. Ein unfruchtbares Dasein, wer will das schon.

An Lucas würde ich meine erste und bedeutendste sokratische Feldforschung durchführen. Ich würde ihm die Widersprüche seines Denkens vor Augen führen, ihn wieder mit der Kunst versöhnen, indem ich ihm erklärte, warum er, zumindest wenn er wirklich mit dem Simon aus dem Roman *Der Künstler* identisch war, in der Tat kein Künstler sein konnte und sein Denken seinem Handeln im Wege stand. So wie Clemens Brandt in die Geschichte vom Sündenfall hatte eingreifen wollen, so hätte ich mich beim Lesen des Buches oft dem Schriftsteller und dem

Maler zugesellen mögen, um Simon zu sagen, was der Schriftsteller wegließ. Da das unmöglich war, hatte ich alles in meine Diplomarbeit hineingepackt.

Ich durfte nicht vergessen, die Arbeit heute abend mitzunehmen. Wenn ich den Faden verlor, konnte ich immer noch eine Passage aus eigenen Werken vorlesen.

Manchmal weiß ich auch nicht mehr so genau, was ich mir alles ausgedacht habe.

Arti ist der Name eines Clubs, zu dem nur Mitglieder Zutritt haben. Lucas Asbeek hatte versprochen, draußen auf mich zu warten und mich dann als Gast mit hineinzunehmen.

Er stand in der Vorhalle und sah sich die Plakate an den Wänden an. Am letzten Freitag hatte er einen Anzug mit Hemd und Krawatte getragen. Ein leichter Geruch nach Mottenkugeln hatte ihn umschwebt. Jetzt war er jugendlich gekleidet, in Jeans und einer kurzen grellgrünen Jacke.

»Hallo.«

»Ah, hallo«, sagte er fast kindlich vergnügt und schüttelte mir mit unbedachter Heftigkeit die Hand, darüber mußte ich lachen. Er sah mich nur einen Moment lang an, mit einem kurzen, prüfenden und etwas scheuen Blick, drehte sich um und ging mir, ununterbrochen redend, zum Eingang des Clubs voran.

»Schön, daß du gekommen bist«, sagte er. »Ich finde, es war eine komische Verabredung. Im Lauf dieser Woche wurde ich immer unsicherer, ob wir uns tatsächlich verabredet hatten, für heute, meine ich. Aber jetzt bist du zum Glück da, und alles ist wirklich wahr.«

Er ging gebeugt und etwas hölzern, die rechte Schulter hochgezogen. Er ging wie jemand, der sich seines Äußeren und seines Ganges nicht im mindesten bewußt ist, der nie korrigiert worden ist, nie etwas über sich gesagt bekommen hat. Er redete gestikulierend, beschrieb mit seinen Händen vage Girlanden in der Luft, was diese großen Hände plötzlich sehr weiblich machte.

Auf einem Tisch am Eingang lag ein Gästebuch. Lucas Asbeek trug seinen Namen ein und reichte mir dann den Stift. Ich mußte meinen Namen und meine Adresse aufschreiben. Über das Buch gebeugt, betrachtete ich die Handschrift und die Signatur, die ich so gut kannte. Es erregte mich, dem gerade hingeschriebenen Namen so nahe zu sein. Ich fühlte mich zum Zerspringen fremd und unwirklich. Dadurch, daß ich meinen Namen unter seinen schrieb, war es, als würde das Unwirkliche mit dem Wirklichen zusammengeschweißt, als würden wir zusammen aufgeboten, als ginge ich eine Ehe ein mit einer Gestalt aus meiner Phantasie, meinen Träumen, aus meinem einsamen Umgang mit Buchstaben und Bildern. Das unglaublich Echte daran tat fast weh, und ich wäre am liebsten in meiner vorgebeugten Haltung eingefroren, um dieses Gefühl so lange wie möglich zu bewahren.

Lucas ging zu einem Tisch an der Wand. In der Mitte standen runde Holztische, an den Wänden hingen Gemälde in breiten verschnörkelten Rahmen. An den Tischen saßen meist ältere Leute, und Lucas grüßte einige von ihnen, als er an die Bar ging, um uns etwas zu trinken zu holen.

Ich wußte nicht, wie ich mich benehmen sollte, und nahm deshalb meine Diplomarbeit aus meiner Tasche. Mit dem Füllfederhalter schrieb ich »Für Lucas Asbeek« auf die Innenseite des Umschlags und legte die Arbeit an seinen Platz.

Mit zitternden Händen stellte Lucas die Weingläser auf den Tisch. Auf seiner Haut waren kleine rote, schuppige Flecken.

»Ist das für mich?« fragte er, als er die Arbeit sah. »Das ist ja nett, vielen Dank. *Das Schicksal einer Figur,* Marie Deniet«, las er laut. »Ich bin wieder mal gerettet«, fügte er lachend hinzu, »denn ehrlich gesagt, wußte ich deinen Namen nicht mehr. Hattest du ihn mir überhaupt gesagt? In meinen Kalender hab' ich jedenfalls ›junge Frau N. N.‹ geschrieben. Aber Marie ist besser. Prost.«

Er blätterte in meiner Arbeit und begann dann zu lesen. Seine Augen klebten förmlich an den Zeilen, und als er mich wieder ansah, lag Erschütterung in seinem Blick. Ich konnte mir vorstellen, was er gelesen hatte.

»Das zieht mich unmittelbar hinein«, sagte er. »Es geht, glaube ich, um all das, worüber ich mir ständig den Kopf zerbreche. Kannst du mir schon mal den Plot verraten und mir sagen, wie es mit Sokrates schließlich ausgeht?«

»Er wird zur Figur und landet in einer Geschichte.«

»So wie ich«, sagte er.

»So wie du«, sagte ich.

»Was wollen wir eigentlich hier?« fragte er und schaute mich betroffen an. »Ich mag das Arti überhaupt nicht, und du? Eigentlich will ich am liebsten nach Hause. Ich muß das jetzt lesen, das verstehst du doch sicher. Gehen wir?«

Wir gingen. Wir nahmen den kürzesten Weg, nämlich den zu mir nach Hause. Dort setzte er sich an meinen Tisch, las und blieb.

In der Nacht hielt er mich in seinen Armen und sagte, daß wir paßten. Liebling, sagte er. Sieh doch, wir passen. Es fühlte sich an wie die Umarmung des Schicksals, und das Schicksal war die Liebe, und sie trug den Namen Lucas Asbeek. Ich war nicht einmal besonders überrascht.

Am Morgen glitt ich vorsichtig aus seinen Armen und zog einen Stuhl ans Bett. Ich schaute. Ich zitterte am ganzen Körper. Tremor nervosus, dachte ich.

Er lag da wie ein junger Gott, so makellos, eine Hand an die Wange geschmiegt, die andere zur Faust geballt auf der Brust. Um seinen Mund spielte ein Lächeln. Du lachst, du bist zufrieden. Es ist gut so, endlich. Das Lächeln schien mir das Lächeln des Erwachens zu sein, und einen Moment lang verdächtigte ich ihn, daß er sich schlafend stellte, aber als ich mich vorbeugte, um sein Gesicht in allen Einzelheiten zu studieren, veränderte sich nichts an seinen Zügen. Er schlief, tief und fest.

Die roten Flecken auf seinen Händen hatte ich in dieser Nacht auch an anderen Stellen seines Körpers gefunden.

»Psoriasis?« hatte ich ihn gefragt.

»Ja.«

»Kennzeichen der gespaltenen Hyperindividualisten«, hatte ich gesagt.

»Kann sein.«

Sein Gesicht war glatt, er hatte weniger Falten als ich. Das Alter hatte sich versteckt, irgendwo hinter seinen Ohren, in der Gegend der weichen Ohrläppchen, verborgen vor Leuten, die dort nichts zu suchen hatten.

Ich suchte überall. Ich wollte jeden Fleck erreichen.

Nachdem er aufgewacht war, kochte ich ihm ein Ei und wünschte ihm frohe Ostern.

Der Rest meines Lebens hatte begonnen.

Ich wußte noch nicht, daß László recht behalten würde und ich tatsächlich ein Mensch bin, den die Liebe krank macht.

»Soll ich dir sagen, wann unsere Geschichte angefangen hat?«

»Nein, lieber nicht, Marie. Unsere Geschichte fängt heute an.«

»Magst du Geschichten nicht?«

»Doch, schon, aber ich will keine Figur in deiner Geschichte sein, kein Teil einer Intrige, kein Knotenpunkt in einem Plot. Du kannst aus mir keine Geschichte machen, sie stimmt doch nie mit der Wirklichkeit überein.«

»Geschichten sind auch nicht dazu da, daß sie mit der Wirklichkeit übereinstimmen.«

»Ich habe Angst vor allem, was gekünstelt ist.«

»Du hast Angst vor der Kunst, Lucas.«

»Schon seltsam, daß wir uns begegnet sind, du und ich. Du gefällst mir. Ich merke jetzt erst, daß ich zum ersten Mal mit jemandem über Sinn und Bedeutung rede, dabei hab' ich mich doch die ganze Zeit damit beschäftigt. Aber es ist auch schwierig, darüber zur reden. Bei dir kommt man nicht darum herum. Mit dir ist wenigstens ein Dialog möglich.«

»Wir sehen die Dinge unterschiedlich, du und ich.«

»Ja, ganz sicher.«

»Du bist wie Sokrates. Du weigerst dich, eine Figur in der Geschichte eines anderen zu sein. Du weigerst dich zu empfangen, weil du denkst, daß du ganz allein jemand sein kannst, völlig losgelöst von den anderen.«

»Stimmt genau.«

»Aber vielleicht kannst du deshalb auch keine Kunst mehr machen, Lucas, obwohl du das am liebsten wieder möchtest. Du kannst es ebensowenig, wie Sokrates seine Philosophie aufschreiben konnte. Du versuchst zu verhindern, daß man dir eine Bedeutung zuschreibt, um die du nicht gebeten hast, aber das ist doch nicht zu vermeiden? Bedeutung ist etwas, das man aus der Hand geben muß. Du kannst dich nicht einfach hinstellen und sagen: Ich, Lucas Asbeek, bedeute dies, und die Sachen, die ich mache, bedeuten dies und das und nichts anderes. Du mußt loslassen, es wagen, als Künstler abwesend zu sein.«

»Aber ich will doch nichts lieber!«

»Wenn es stimmt, was in dem Buch *Der Künstler* steht, dann bist du genau dazu nicht mehr imstande: die Sachen, die du machst, den Leuten zu überlassen, die ihnen dann, unabhängig von dir, eine Bedeutung geben.«

»Dieser Simon ist eine Kitschfigur. Das bin nicht ich. Anton hat die Figur erfunden. Ich selbst bin jemand anderer.«

»Warum kannst du dann keine Kunst mehr machen?«
»Weil sie die Wahrheit nicht berührt.«

»Menschen sind Bedeutungstiere. Sie krochen zusammen, fingen auf die Dauer an, miteinander zu reden, notwendigerweise, gaben sich und den Dingen Namen, und seitdem gibt es Bedeutung, seit es möglich ist, zu dem einen Piet zu sagen und zum anderen Jan. Es liegt keine Wahrheit in »Piet« oder »Jan«; mit den Namen stellte sich aber das Bedürfnis nach Unterscheidung ein, ein Bedürfnis nach der Wahrheit, daß es wirklich etwas bedeutete, Jan oder Piet zu sein.

Jetzt sind wir schon lange keine Tiere mehr und suchen immer noch nach Bedeutung und Sinn. Es ist ein Fluch, und zugleich ist es schön, weil es so nutzlos ist.«

»Und was haben die Tiere?«

»Die haben Hunger.«

»Ich auch«, sagte er und griff nach einem Keks. Er steckte ihn in den Mund und sah mich, während er kaute, unverwandt an. Er sah mich immer weiter an und stopfte seinen Mund immer weiter mit Keksen voll, einen nach dem anderen. Seine Augen blitzten unverschämt herausfordernd und stolz abwehrend. Armer Lucas. Ich redete unaufhörlich. Es war der reinste Terror, die Raserei der Liebe.

Dann schweige ich. Ich schaue.

»So, jetzt hab' ich keinen Hunger mehr.« Die Schale war leer.

»Ja«, sage ich, »dein Magen ist jetzt zum Erbrechen voll, aber deine Seele hungert immer noch nach Sinn.«

Kann ich denn nicht bitte einmal den Mund halten?

»Gestern nachmittag war ich bei diesem alten Freund von mir, dem Bildhauer. Er sagte etwas, das mich sehr getroffen hat. Er sagte, man muß es für sich selbst tun, Bildhauen, es muß in sich selber stimmig sein, als Tun. Und daß der Rest, das ganze Drumherum, nur Zirkus ist, nur Unsinn. Es hat nichts mit der Bildhauerei zu tun. Ich glaube, er hat recht damit.«

»Das glaub' ich nicht. Essen und trinken kann man für sich selbst tun, und Wissen erwerben, aber Kunst kann meiner Ansicht nach nicht einfach Selbstzweck sein. Kunst ist doch auch die Entscheidung für eine Art des Umgehens mit anderen, mit der ganzen Welt, wenn man Glück hat?

Du kannst die Welt erreichen, über eine Sache, ein Objekt, ein Buch, und du kannst mit der Welt reden, ohne persönlich anwesend sein zu müssen. Du bist da und zugleich nicht da. Nur die Sache ist da, und über die Sache stellst du eine Verbindung her zwischen deiner eigenen Existenz und der Existenz von allen anderen. Du mußt den Mut haben, dich durch etwas anderes als dich selbst vermitteln zu lassen, etwas, das trotzdem deinen Namen trägt.«

»Klingt auch wieder sehr wahr.«

»Angenommen, es ist tatsächlich wahr, Lucas, dann würde das bedeuten, daß du deshalb keine Objekte mehr zustande bringst, weil du dich weigerst, eine Beziehung zu den anderen aufzunehmen. Hat dir diese Beziehung nicht gefallen? Haben dich Ruhm und Beifall wirklich so erschreckt?«

»Es ist nie genug.«

»Was?«

»Der Beifall, der ist nie genug. Und weil er nicht genügt,

und der Mangel noch viel schlimmer ist als der Beifall selbst, verzichte ich, glaube ich, lieber ganz darauf. Ich glaube, das ist es. Ich will nicht unter dem Verlangen nach mehr leiden.«

»Es ist wie mit der Liebe.«

»Wieso?«

»Davon bekommt man auch nie genug.«

»Jeder ist doch Künstler. Die Mythen über die großen Künstler sind ganz fatal, denn sie schrecken die Leute ab und machen ihnen weis, daß sie selbst nicht imstande wären, etwas zu tun. Es wird zu sehr als etwas Besonderes dargestellt. Die Mythen der Kunst und der Personenkult um die Künstler lähmen die Kreativität der Leute, und ich weigere mich, dabei noch länger mitzumachen.«

»Natürlich ist jeder ein Künstler, aber nicht jeder stellt aus, veröffentlicht oder tritt auf, das ist der Unterschied. Ich finde, man ist dann ein Künstler, wenn man das, was man gemacht hat, auch loslassen kann. Solange man seine schwermütigen Gedichte, seine enthüllenden Tagebücher, seine Bilder oder Streichholzwindmühlen in der Schublade liegen läßt, hat man mit den anderen nichts zu tun. Zum Künstler wird man, wenn man die Grenze überschreitet und die Schwelle zum Publikum nimmt. Erst dann versetzt man die Welt in die Lage, einer Sache Bedeutung zu verleihen.«

»Aber man braucht die Welt doch nicht.«

»Vielleicht braucht die Welt ja dich.«

»Nein, also da draußen wartet niemand auf Lucas Asbeek.«

»Doch, Lucas. Ich bin draußen. Ich warte auf dich, Liebster.«

»Manchmal redest du wie ein Orakel, Marie. Ich spüre dann zwar, daß du recht hast und daß du es gut mit mir meinst, aber ich verstehe kein Wort.«

»Du hattest viele Männer«, sagt er.

»Ich hatte immer Männer«, sage ich.

Ich erzähle ihm von den Männern, bis er sagt, ich solle aufhören, es mache ihn ganz krank vor Eifersucht.

»Mit dir ist es anders«, sage ich. »Ich habe noch nie jemanden geliebt, ich habe noch nie jemandem gehört. Es waren immer merkwürdige Geschichten, und ich war jemand, der geheimgehalten wurde. Und ich beließ es dabei. Es war gut so. Aber mit dir ist es wirklich, real.«

»Davon träume ich schon mein ganzes Leben lang, von etwas Realem. Die Wirklichkeit ist erschreckend echt, und trotzdem bleibt sie völlig unerreichbar. Ich habe immer das Gefühl, daß die Dinge nicht so sind, wie sie sind, daß etwas nicht stimmt. Die Wirklichkeit zeigt sich immer Hand in Hand mit etwas, das sie zugleich entkräftet, unecht macht, mit etwas Verlogenem, Falschem. Die Kunst hat das auch, die Dinge sind dort, was sie sind, und gleichzeitig etwas ganz anderes. Sehr kompliziert.«

»Ich glaube, davon handeln deine Objekte auch.«

»Ja?«

»Was hat dir vorgeschwebt? Was wolltest du bei den Menschen, die deine Arbeiten sehen, erreichen?«

»So etwas wie Wirklichkeitssinn im Grunde, aber den

hab' ich ja selbst nicht. Es ist komisch, aber ich wollte mit den Objekten erreichen, daß die Leute aufhörten, meine Sachen anzuschauen und statt dessen lernten, die bestehende Wirklichkeit zu sehen. Wir können die Wirklichkeit nicht wahrnehmen. Wir schauen durch die Brille der Sprache und der Kunst und sehen nicht, was wirklich da ist.«

Lucas kam und ging. Wenn er fortging, blieb ich zurück und wußte nichts mit mir anzufangen. Ich vermißte ihn. Ich wußte nicht mehr, wie ich allein mit meinen Augen, Ohren, meinem Mund auskommen sollte. Ich war mir nicht genug. Jedesmal war ich in Panik und hatte Angst, er werde nicht mehr wiederkommen.

Aber Lucas kam immer wieder. Auch um mir klarzumachen, daß es tatsächlich nicht sicher sei, daß er jedesmal wiederkommen werde.

»Ich möchte in dich hinein«, sage ich, »wie eine Amöbe oder eine Art Krankheit, die du allmählich liebgewinnst.«

»Ist es ein Gesetz der wahren Liebe«, frage ich Lucas, »daß man zusammen ist und dann wieder auseinandergeht?«

»Ich weiß es nicht. Vielleicht habe auch ich noch nie jemandem gehört.«

»Sie ist grausam, die Choreographie der Liebe. Ich mag sie nicht. Anziehen und abstoßen – wo steht geschrieben, daß es so sein muß?«

»Es kann vielleicht auch anders sein. Vielleicht liegt es an mir, weil ich mir immer einen Rückweg freihalte.«

»Warum laßt du es dann nicht bleiben, den Rückweg, meine ich?«

»Ich liebe dich wirklich, oder wie sagt man das?«

»Ich weiß.«

»Aber vielleicht nicht genug.«

Zuerst verliere ich den Appetit. Ich magere ab. Wenn ich etwas zu essen sehe, zum Beispiel in Schaufenstern oder auf dem Markt, wird mir übel. Der Gedanke, etwas kauen zu müssen, etwas mit den Zähnen zerkleinern zu müssen, ist mir unerträglich. Essensgerüche ekeln mich an.

Ich trinke und rauche. Ich spüre, wie leer ich innerlich bin, und das erinnert mich an Hunger, aber es ist ein Hunger, der ungestillt bleiben will. Der Hunger muß mich aushöhlen, reinigen, alles verzehren, was noch da drinnen ist. Nichts kann von außen durch meinen Mund nach innen gelangen, das ist undenkbar und unnötig. Lucas genügt.

Was mit mir los ist, interessiert mich nicht. Sinnlos, darüber nachzudenken. Ich brauche mich nicht zu verstehen. Lucas will ich verstehen.

Dann verliere ich Taschen, Portemonnaies mit Geld, meinen Füller, meinen Borsalino, Bücher, Kleidungsstücke.

Ich bin stolz darauf. Ich bin stolz darauf, daß ich verliere.

Als er mich wachrüttelt, geht das Schluchzen einfach weiter, von selbst. Mein Gesicht ist tränennaß.

»Du hast im Schlaf geweint. Du hast gewimmert wie ein verletzter Hund, ganz laut. Ich bin davon aufgewacht. Was hast du denn, Liebling?«

Ich erinnere mich an keinen Traum, keine Bilder, nichts. Ich bin erstaunt und traurig.

»Ich weiß es nicht.«

»Ich mache dich nicht glücklich«, sagt er und läßt mich abrupt los.

»Doch«, sage ich, »es macht mich sehr glücklich, auch das, der Kummer. Er ist mit dir verbunden, mit dem Glück. Aber an diesem Kummer kannst du nichts ändern. Du bist nicht schuld daran. Er war schon vorher da.«

»Es ist, als könnte ich mit dir keine Vergangenheit bekommen, Lucas. Wir sind jetzt schon ein Jahr zusammen, aber jedesmal, wenn wir auch nur kurz getrennt waren, kommt es mir vor, als hättest du in deiner Absonderung die Zeit zunichte gemacht, als hättest du beschlossen fortzugehen, weil es nichts gab, was dich gehalten hätte. Dann seh' ich deinem Gesicht an, daß sich die Verlassenheit wieder eingeschlichen hat. Du hast dich in deiner kurzen Abwesenheit wieder einsam gemacht. Es tut weh, das zu sehen, in deinen Augen, deiner Ausstrahlung. Immer wieder zerstörst du unsere Vergangenheit, die Tage, die wir zusammen sind, und sagst mir, daß du glücklich mit mir bist.«

»Ich glaube, was du willst, Marie, das kann ich nicht. Es ist mir zu hoch, zu absolut. So viel Liebe von dir kann nicht andauern, denke ich tatsächlich immer. Wenn ich hier durch die Tür hinausgehe, denke ich jedesmal, es ist vorbei, und ich komme nicht wieder herein. Ich verliere dich ja doch.«

»Aber ich hatte mich auf die Ewigkeit eingestellt.«

»Du tust mir gut, Marie.«

»Du mir auch, Lucas.«

»Nein, ich tu' dir nicht gut. Wenn das so weitergeht, ist bald nichts mehr von dir übrig.«

Eines Abends steht er auf, unvermittelt, mit Wut in seinen Bewegungen. Er stampft in die Küche, und ich höre ihn mit Töpfen und Pfannen rumoren. In der Pfanne zischt Butter. Kurz darauf stellt er resolut einen Teller mit Essen vor mich hin. Gemüse und Fleisch.

»Du mußt was essen«, sagt er.

Ich wage nicht, mich zu weigern. Ich esse. Mit Bedauern fühle ich die Leere verschwinden, wie ich voll werde und meine Kraft mich verläßt. Danach bin ich schlaff.

»Tu das bitte nie wieder«, sage ich später im Bett zu Lucas, »setz mir nie wieder etwas zu essen vor, wenn ich nicht essen will. Es gibt genug andere Möglichkeiten, mir zu zeigen, daß du mich liebst.«

»In deiner Wohnung kann man sich kaum umdrehen. Du hebst alles auf, weil du von jedem Gegenstand denkst, du könntest ihn irgendwann mal für ein Objekt gebrauchen, und von jedem ungelesenen Buch, es könnte die Wahrheit enthalten, die deinem Leben die entscheidende Wendung geben kann. Du stellst einen Wechsel auf die Zukunft aus, aber die Leere des Heute bleibt. Du lebst in einem fortwährenden Aufschub. Du redest von Bedeutung, aber das Verleihen von Bedeutung schiebst du immer wieder hinaus. Auch was uns betrifft.

Du sammelst nur noch Möglichkeiten, und alle diese

Möglichkeiten, die noch realisiert werden müssen, machen dich unruhig und unglücklich. Es werden immer mehr, immer mehr Gegenstände und Bücher. Sie liegen nur da und warten auf dich und bleiben wertlos, solange du sie nicht anrührst.«

»Du willst mich ändern.«

»Nein, Liebster, du bist mir gut genug. Ich will dich glücklich machen. Ich glaube, du selbst bist derjenige, der sich ändern will.«

»Ja, ich will mich immer noch ändern. Warum eigentlich?«

»Weil du dir selbst nicht gut genug bist und das Bedürfnis hast, gut zu sein.«

Der Tag, an dem ich zum ersten Mal in Ohnmacht falle und zu bluten anfange, ist derselbe, an dem Guido de Waeterlinck anruft und mich auffordert, einen Uni-Job als Philosophin anzunehmen.

Die Entscheidung erscheint mir dramatisch, als müßte ich mich für das Leben und gegen die Liebe entscheiden. Ich habe einen Monat Zeit. Ich blute und zweifle einen Monat lang.

Als der Monat um ist, wecke ich Lucas mitten in der Nacht. Ich habe Angst.

»Ich weiß nicht mehr weiter«, sage ich.

»Endlich«, sagt er.

7
Der Psychiater

M*ontag, 15. September 1986 – 14.00 Uhr*

Herr Doktor, ich simuliere.

Sie hören zu. Es ist doch Ihr Beruf, aus meinen Worten etwas herauszuhören, was ich nicht sage, was ich verschweige, ob ich das nun will oder nicht?

Sie holen die Wahrheit hinter meinen Geschichten hervor, die Wahrheit, die ich nicht besitze. Eigentlich sind Sie so etwas wie ein professioneller Leser.

Es ist gut, auf Distanz zueinander zu bleiben. Wenn es Ihnen nichts ausmacht, würde ich gern weiter »Sie« zu Ihnen sagen. Sie können mich ruhig beim Vornamen nennen und mich duzen. Sie müssen stärker sein als ich. Ich bin in Not.

Um das noch eben klarzustellen: ich habe schon von Ihnen gehört. Sie sind Daniels Vater, und Sie haben Lucas Asbeek behandelt, den Mann, den ich liebte, liebe. Lucas war der Abschluß. Mit Lucas habe ich meine letzte Chance verspielt. Ich bin in dieser Liebe gescheitert.

Ich bin ein unmöglicher Mensch. Mit mir kann man nicht leben.

Alles greift ineinander. Es macht mir Angst, wie die Zeichen miteinander zusammenhängen. Es ist zuviel, zu viele Themen, zu viele Motive, zu viele Lehrmeister, zu viele Sprachen, unfertige Geschichten, Widersprüche, von allem zu viel. Das alles spielt sich jetzt hinter meinem Rücken ab. Wo soll ich anfangen, und wohin führt es? Zu gar nichts, zu einem Durcheinander in der Seele.

Ich empfinde mich nicht mehr als Organisator dieses Zufalls. Irgend jemand spielt mit mir, jemand anderes als ich. Er versucht mir etwas deutlich zu machen, aber was, um Himmels willen?

Er, ja, es ist ein Er. Er ist ziemlich göttlich und vor allem erschreckend mächtig, sonst geht so etwas nicht.

Ich weiß nicht, wo ich anfangen soll.

Ich werde mit dem Astrologen beginnen, so nenne ich ihn immer. Er ist tot. Eigentlich hieß er Miel, Miel van Eysden. Er ist in eine Schlucht gefallen. Er war ein Freund von mir. Kann ich das so sagen? Ja, er war ein Freund.

In letzter Zeit muß ich wieder oft an ihn denken. Er hatte es mit Zahlen und natürlich mit den Sternen. Jeden Tag sah er irgendwo die Zahl dreiunddreißig auftauchen, und jeden Tag kontrollierte er in seinen Zahlenbüchern, warum an diesem Tag geschehen war, was geschehen war. Dann stimmte die Welt, und er konnte sein Leiden erklären. Heute verstehe ich ihn besser. Damals habe ich manchmal gedacht, er sei völlig übergeschnappt, aber jetzt passiert in meinem Kopf etwas Ähnliches. Überall entdecke ich Botschaften.

Heute ist der Tag der Sieben Schmerzen Mariens, ein Montag noch dazu, und Ihre Hausnummer ist genau die Zahl, die mich in die Welt hinaus getrieben hat. So geht es immer weiter. Und was bedeutet das?

Ich wüßte nicht, was für ein Buch mir hinterher erklären sollte, warum es mir so ergeht, wie es mir im Moment ergeht. Ich habe im Gegenteil öfter das Gefühl, daß ich in meinen eigenen Büchern lande, in den Büchern, die ich schon im voraus selbst geschrieben habe, im Kopf. Ich will da raus. Ich will die Grenzen dieses Buches überschreiten.

Das ist es auch, was ich Ihnen unbedingt sagen muß, was mich beunruhigt und aufwühlt. Es ist, als hätte mein Leben die Eigenschaft von Literatur. Es ist ihr so ähnlich. In der Literatur hat auch das kleinste Wort eine Bedeutung, und alles hängt mit allem zusammen, genau wie jetzt in meinem Leben. Und bevor es mir über den Kopf wuchs, habe ich immer gedacht, daß ich selbst die Verbindung zwischen den unterschiedlichsten Ereignissen herstelle und damit dem Leben Schönheit und Sinn verleihe. Wie sonst könnte man es sinnvoll machen?

Nur kommt aus mir keine Literatur heraus, und es ist die Frage, ob es gut ist, daß mein Leben einem Buch gleicht. Ich brauche nämlich gar kein romantisches Leben, wenn ich es nur schaffe, ein Buch zu schreiben. Das muß sein. Jetzt. Es wird Zeit.

Manchmal hört man von Schriftstellern, die erst dann angefangen haben, ein Buch zu schreiben, nachdem sie beim Therapeuten gewesen waren. Aber andererseits hört man auch von Leuten, die bereits schrieben oder malten, dann zum Therapeuten gingen und danach nie mehr einen

Buchstaben zu Papier brachten oder einen Pinsel anrührten. Wenn mir das blüht, Herr Doktor, dann müssen Sie meine Seele in Ruhe lassen und es mir jetzt sagen, dann gehe ich wieder. Ich werde mir schon zu helfen wissen. Ich stehe schließlich auf eigenen Füßen.

Ich will eine Person werden, jemand mit einem eigenen Leben, mit Augen, die selbst sehen, auf ihre eigene Art, nicht auf die Art anderer. Und ich möchte auch gern Worte in mir aufsteigen hören, meine ureigenen Worte. Überall sitzt der Schmutz der anderen wie eine Kruste auf der Sprache, wie ein Schleier vor meinen Augen, so daß sie wie verschmiertes Glas aussehen. Ich sehe tatsächlich nichts. Ich bringe alles durcheinander, ich vermische die Kategorien, Mann-Frau, Literatur-Wirklichkeit, Wahrheit-Lüge, und es gibt in mir nichts, was als Schiedsrichter auftreten und dem einen sagen könnte: Du bist nicht, was du zu sein scheinst, und dem anderen: Du bist es, du bist wahr, du bist, was du bist, und für dich entscheide ich mich.

Ich ertrage dieses doppeldeutige Getue nicht, all die Ambivalenzen. Sie machen mich ganz trübsinnig.

Es geht mir nicht gut.

Vielleicht war ich einmal eine Person. Ich erinnere mich nicht mehr daran. Wird man als Person geboren? Ist man schon ein eigenständiges Wesen, wenn man da in der Wiege liegt und sie einem noch nicht den Kopf verdreht haben mit all ihrem Unsinn?

Der Unsinn. Die Worte, Ideen und Meinungen anderer, ihre Gesetze, ihre Moral, ihre Wissenschaft haben mich benebelt. Eigentlich ist mein Geist vergewaltigt worden. Und ich habe es einfach geschehen lassen, es provoziert, habe geflirtet, auf Teufel komm raus. Er hat mir das prophezeit, der Astrologe. Wie nannte er mich noch gleich? Eine platonische Hure, glaube ich, irgend etwas in dieser Richtung.

Ich weiß nicht einmal mehr, was Gut und Böse ist. Ich will geheilt werden von den Gedanken anderer, von anderer Leute Leben.

Ich will gut sein.

Es macht mich so müde, einen Charakter zu bekommen.

Ich dachte immer, der Wahnsinn überfällt einen, aber das stimmt nicht. Man sucht ihn auf, man lädt ihn ein, man läßt ihn zu und betrachtet voll Spannung, wie man selbst ihn noch ein bißchen mit sich spielen läßt, um zu sehen, was er alles noch mit einem anstellt. Es ist ein Ausprobieren, ein Scheingefecht, mal sehen, wie weit man zu gehen wagt, wie verrückt man zu werden wagt. Doch dieser Andere in uns, der alles kontrolliert, der auf uns aufpaßt, wenn es nötig ist, der ist geschwächt, bleibt aber anwesend.

Verrückt werden heißt völlig den Verstand verlieren, dachte ich, aber das stimmt nicht. Verstand ist genug da.

Ich weiß verdammt gut, wie es mit mir steht.

Es ist Betrug. Verrückt zu werden ist der soundsovielte Versuch, der Wahrheit auf die Spur zu kommen, denke ich. Nur setze ich diesmal mich selber aufs Spiel.

Ich habe einen enzyklopädischen Hunger nach Wissen,

ich habe überall danach gesucht, ich hatte viele Lehrmeister. Sie sind der Meister im Aufspüren von Bedeutung, von dem da hier, diesem Monolog.

Das Dumme ist nur, daß ich im Grunde nicht an die Wahrheit meiner Geschichte glaube, an eine endgültige Bedeutung, nicht einmal jetzt, da es um mich geht und ich mich hier gesund plappern soll und von Ihnen das Unmögliche erwarte.

Ich werde ihn *sie* nennen, ja. Der Wahnsinn ist eine Frau.

Glauben Sie, es hat etwas zu bedeuten, wie ich mit dem Geschlecht der Wörter spiele? Suchen Sie etwas dahinter?

Unsere Zeit ist begrenzt. Ich bin dreißig, wir haben nur eine Stunde, und obendrein wird die Sonne auch noch sterben.

Meine Sonne steht im ersten Haus. Das ist ein Gesetz. Ich sollte wissen, wer ich bin. Das ist die Auslegung des Gesetzes. Solche Dinge hab' ich im Kopf, aber sie bringen mir nichts, rein gar nichts. Nur Schwierigkeiten.

Wenn ich falle, werde ich weinen vor Glück, das kam mir immer wieder in den Sinn. Beckett. Man kann sich nach dem Fall sehnen, danach, daß man aufhört zu lernen, steckenbleibt, sich nicht mehr entwickelt. Musil.

Ich bin keine Sekunde allein.

Vor zwei Wochen hat ein Unbekannter mich auf der Straße aufgehoben. Ich fuhr mit dem Fahrrad die Grachten entlang, Richtung Dam. Ich betrachtete die Grachtenhäuser und wurde immer trauriger. Sie sind von Menschen erbaut, und Menschen sterben, aber die Häuser bleiben stehen. Darüber dachte ich nach, und ich fand es in diesem Moment allumfassend und sehr tragisch. Auf einer der Brücken sah ich plötzlich einen jungen Punker. Man erkennt sie sofort. Sie haben Stachelhaare, tragen fürchterlich enge Hosen, Lederjacken mit aufgemalten Sprüchen und hohe, klobige Militärstiefel. Der Junge war nicht viel älter als vierzehn. Er hatte einen teuren Fotoapparat mit Teleobjektiv in der Hand und hüpfte hinter einer Taube her. Er wollte diese Taube im Bild einfangen, verstehen Sie, und als ich das sah, erstarrte der Punker selbst in meinem Kopf zum Sinnbild. Es war das Bild von etwas, das unmöglich ist und schmerzhaft. Denn der Junge würde ja doch sterben, und die Taube würde sterben und ich auch, ich, die ich das alles sehe und darüber nachdenke. Es ist vollkommen sinnlos, diese Taube zu fotografieren. Man entgeht dem Tod nicht. Dieses Foto vielleicht. In diesem Moment fuhr ich gegen ein Hindernis und fiel. Ich lag da und wäre am liebsten für immer so liegengeblieben. Ein Passant half mir wieder auf die Beine, es war ein Mann, ein Franzose. Er stützte mich und sagte ganz besorgt »Mais petite« zu mir. Mais petite. Da schlang ich die Arme um seinen Hals und klammerte mich an ihn. Ich sagte zu ihm etwas wie »Hilf mir, liebe mich, geh nie mehr fort von mir, beschütze mich, rette mich, ich sterbe«. Zu einem wildfremden Menschen.

Er verstand die Worte nicht, aber er war sehr fürsorglich. Ich sah, daß ich ihm auch Angst machte, putzte mir die Nase und bedankte mich bei ihm.

Der Vorfall mit dem Punker gab den Ausschlag. Sie sind auch ein Fremder. Das alles würde ich auch gern zu Ihnen sagen.

Um Hilfe bitten ist so eine Sache, eine reichlich seltsame Sache – aber lassen wir das.

Es tut mir leid, daß ich einfach so drauflosrede und keine Struktur in das bringen kann, was ich Ihnen erzählen muß. Zu Hause, als ich allein war, kam mir alles so kohärent vor, hundertprozentig schlüssig, eine ordentliche, stimmige Geschichte mit einem klaren Anfang und einem Ende, eine Geschichte, mit der Sie etwas anfangen könnten.

Wieviel Zeit haben wir noch?

Kann ich noch mal von vorn anfangen?

Ist das nicht schrecklich ermüdend für Sie, mir so lange zuhören zu müssen?

Manchmal habe ich das Gefühl, daß ich die Welt vollkommen durchschaue, wie alles seinen Platz und seine Zeit hat und seine eigene Notwendigkeit und wie auch das eigene Leben das einzige ist, was der Mensch hat, weil es der Knotenpunkt all dessen ist, was in seinem Leben geschieht, und wenn man diesen eigenen Knotenpunkt nicht hat, dann hat man also nichts, denn dann ist jedes Ereignis nichtssagend, mit nichts verbunden, einfach nur ein Ereignis, ohne Wert, ein wertloser, flüchtiger Vorfall, der genausogut nicht hätte stattfinden können, ein loser Faden, sinnlos. Nur Menschen mit einem eigenen Leben können in dem, was das Leben tatsächlich ist, eine Geschichte sehen, Menschen, die hinter den scheußlichen Verschiedenheiten jeder einzelnen Minute die Einheit wahrnehmen können, die Einheit ihrer Geschichte – nur solche Menschen können glücklich sein.

Herr Doktor, ich bin überglücklich, aber ich kann mein Glück nicht mehr verkraften.

Ich möchte der Welt etwas kundtun, die Menschen lehren, jener Sprache zu lauschen, die sich hinter den Ereignissen ihres Lebens verbirgt. Dann können sie selbst auch wieder zu Menschen werden, die die Welt von ihrer stummen Sinnlosigkeit, ihrer unnötigen, schweigenden Gegenwart befreien. Was hat man sonst vom Leben, wenn man dazu nicht imstande ist?

Ich habe Mitleid mit uns Menschen. Nietzsche lehnt das Mitleid ab, für Schopenhauer ist alle Liebe Mitleid – also, was soll man nun eigentlich tun? Ist es jetzt gut oder schlecht, Mitleid zu haben?

Ich fühle mich sehr allein.

Ich weiß nicht, wie ich mich verständlich machen soll.

Das Wesen der Dinge existiert nicht, Herr Doktor, jedenfalls nicht ohne uns. Was wir daraus machen, das ist es, nichts anderes.

Aber wie steht es dann mit den Menschen selbst? Wird man als Mensch mit einem Wesen geboren?

Angenommen, mit den Menschen ist es wie mit den Dingen, und für sich allein sind sie ebenfalls nichts, aber dann auch gar nichts. Ein schrecklicher Gedanke, und daher wahrscheinlich wahr. Dann sind wir Menschen voneinander ebenso abhängig, wie es die Dinge von uns sind. Dann können wir nur das sein, was ein anderer aus uns macht, und nur dann etwas bedeuten, wenn andere die Bereitschaft, die Liebe besitzen, uns in ihrer eigenen Geschichte Bedeutung zu verleihen. Dann sind wir zwangsläufig Figuren in der Geschichte eines anderen Menschen, aber ansonsten, für uns allein, stellen wir nichts dar, sind wir bedeutungslos, nichtssagend, stumme, überflüssige Dinge. Wir sind der Gnade anderer ausgeliefert, wir sind ihr Werk. Wir selbst haben dabei das Nachsehen.

Manche Menschen werden durch die Liebe weich und nachgiebig. Ich nicht. Ich wurde wild und ging zum Angriff über. Je heftiger ich kämpfte, desto mehr liebte ich in diesem Augenblick. Ich versteh' das nicht.

Ich verschlinge die Menschen, aber ich werde andererseits auch von ihnen verschlungen. Die Liebe hat mich zu Tode erschreckt.

Ich kann das alles nicht mehr richtig auseinanderhalten. Sie müssen mir helfen, daß ich wieder klar sehe und lerne, die Spreu vom Weizen zu trennen.

Was ich damit meine, ist folgendes: Wenn das eigene Leben das einzige ist, was das Leben lohnend macht, und auch das einzige Instrument, mit dem wir dem Leben Bedeutung verleihen können, und wenn man dann noch bedenkt, daß das Leben ja doch anderen ausgeliefert ist und nur sie uns erschaffen können, dann ist das doch ein schrecklicher Gedanke, oder nicht?

Verstehen Sie, was ich sagen will?

Warum sitze ich hier? Wie bin ich hierher gekommen? Ich habe Talent zum Glück, Herr Doktor, wirklich wahr, schon immer gehabt, nie bezweifelt. Ich hab' mich immer reich gefühlt, begabt mit der Fähigkeit, aus dem Leben ein schönes Leben zu machen, egal wie es verläuft, und es hat in meinem Leben immer Schönheit gegeben.

Ich muß mich von den Menschen absondern und in meinen vier Wänden bleiben, um mich gegen Ereignisse zu schützen, denn sobald ich den Fuß vor die Tür setze, stürmt die Welt auf mich ein wie ein übermütiger Hund, und ich kann mich einfach nicht dagegen wehren. Das unscheinbarste Ding, das ich sehe, berührt mich wie etwas ganz Wichtiges, es macht mich traurig oder weckt in mir heftiges Glück, und eigentlich will ich es bewahren, das Ereignis aus seinem Raum und seiner Zeit lösen, befreien, indem ich es in meine Geschichte aufnehme und ihm Bedeutung verleihe.

Ich hab' zu viele Bücher gelesen. In meinem Kopf passiert zuviel.

Manchmal bin ich völlig erschöpft vom Schauen. Ich bin so glücklich, daß es schon fast ungesund ist. Ich reibe mich auf.

Ist das normal?

Stimmt da noch alles?

Im Grunde will ich damit sagen, daß es isolierte Ereignisse nicht gibt. Was isoliert und allein ist und nirgends hineinpaßt, hat keine Bedeutung. Wir müssen die Dinge und die Menschen retten, sie aus ihrer Bedeutungslosigkeit erlösen, immer wieder aufs neue. Das Problem ist nur, daß ich mich selbst nicht retten kann. Ich bin die einzige, die isoliert ist, ich kann mir selbst keine Bedeutung geben. Ich finde es unangenehm, selber so leer und ohne Bedeutung zu sein.

Lucas wollte ich helfen, ihn trösten und vermitteln zwischen ihm und ihm, zwischen ihm und seinem Feind, den auch er in seinem eigenen Innern hat. Er ist innerlich so chaotisch, so gespalten, zwei in einem, und das ist noch knapp gerechnet. Er gibt dem Zweifel viel Raum. Er ist nie genug geliebt worden. Ich dachte, wenn ich ihn sehr liebe, dann wird er wirklicher, so daß er es wagen kann, herunterzukommen, mit beiden Beinen auf die Erde, wo er dann natürlich feierlich neben mir einherschreiten würde, hier auf diesem Erdenrund, am liebsten für immer. Ich fühlte mich als seine Braut.

Dazu muß ich Ihnen unbedingt noch folgendes sagen: Zum ersten Mal in meinem Leben glaube ich zu verstehen, worin die Natur der Frau liegt, wozu die Frau bestimmt ist.

Ich wollte ihm einen Sohn gebären.

Plötzlich verstand ich auch die Schlager im Radio. *You make me feel like a natural woman.* Ich fand sie nicht mehr lächerlich, sondern sang sie aus vollem Hals mit, ich dumme Gans. Und trotzdem begriff ich es damals, ich begriff, daß Frauen Kinder gebären und es dabei bewenden lassen sollten, denn alles übrige ist entweder Unsinn, oder es gehört nicht ins Reich der Frauen.

Eine Frau, die schreibt, begibt sich ins Reich der Männer. Sie verzichtet auf ihre eigenen Mittel, sich über andere

Bedeutung zu verleihen, und greift stattdessen zu den Mitteln des Mannes, zu Schreibstift und Worten, den Waffen der Ohnmacht.

Männer schreiben Bücher auch, weil sie Frauen dazu verführen möchten, sie zu lieben, und sei es auch nur in ihrem Kopf, und wenn eine Frau ein Buch schreibt, dann glaubt sie, daß sie damit den Mann dazu verführen kann, sie zu lieben. Aber die Männer ergreifen die Flucht vor schreibenden Frauen. Eine Frau soll keinesfalls Dinge tun, in denen Männer gut sind. In diesem Punkt täuschte ich mich, schon früher. Ich dachte immer, Jungen mögen Mädchen, die so sind wie sie, und deshalb war ich noch ein wilderer Winnetou, ein noch härterer Soldat, rücksichtsloser im Kampf, rauher, verwegener, brutaler.

Aber Jungen mögen das, was ihnen ähnlich ist, gar nicht. Sie mögen richtige Mädchen, die sich schminken und kichern und über Mädchensachen reden, Mädchen, die alles tun, was ich mir immer verboten habe.

Begehren habe ich mit Begehrlichkeit verwechselt, Sein mit Haben. Ich wurde so wie der, den ich begehrlich fand, um selbst von ihm begehrt zu werden. Ich mußte unbedingt jemand sein.

Habe ich nur deshalb so lange weitergelernt, um die Wahrheit der Klischees zu entdecken?

Lucas wollte ich haben, und um ihn zu haben, mußte ich eine Frau sein. Die Liebe war mehr ein Wegnehmen als ein Hinzufügen. Abbrechen, abgewöhnen, sprengen, verlieren, vor allem viel verlieren. Wasser, Fleisch, Fett, Phrasen, Tricks, Gewohnheiten, Kontrolle, altes Papier, Träume, all meinen Unsinn verlieren. Bei Lucas war ich mit mir selbst im reinen, ich war leicht und einfach, eine simple Summe von Möglichkeiten, die bei ihm nur addiert zu werden brauchte. Es war klar: Er war das Wichtigste in meinem Leben, er stand an der Spitze der Hierarchie, hoch über allem und allen, ich wußte immer, wofür ich mich zu entscheiden hatte. Für ihn.

Zweifel ertrage ich nicht. Ich kann mit dem Schicksal keinen Kuhhandel treiben, ich kann keine Kompromisse schließen, wenn es um das Wichtigste geht, was ich im Leben zu tun habe, ich kann damit nicht taktieren und mehreren Herren zugleich dienen. Entweder das eine oder das andere. Ich muß wählen. Nicht, daß ich nicht gespalten wäre, aber ich weigere mich einfach, gespalten zu sein.

Wenn ich bei ihm war und das Bedürfnis zu schreiben mich wieder überkam, dann empfand ich das wie einen Verrat und hätte um Lucas weinen mögen, weil ich Angst hatte, ihn einen Augenblick lang nicht genug geliebt zu haben.

Letztlich ertrug er meine Liebe nicht. Wie alle.

Sie untergrabe seinen Selbsthaß, meinte er, und er liebe sich selbst nicht genug, um mich lieben zu können.

Seit wann terrorisiert uns eigentlich schon diese idiotische, abgedroschene Phrase? Welcher rückständige Schwachkopf hat den Menschen eingebleut, sie müßten erst sich selbst lieben, bevor sie jemand anderen lieben könnten? Das ist das lächerlichste, dümmste, grausamste Gesetz aller Zeiten, und es regiert das zwanzigste Jahrhundert. Es ist kompletter Blödsinn. Wir müssen einen anderen Menschen lieben, und ein anderer Mensch muß uns lieben, das brauchen wir nicht auch noch selbst zu tun, das ist unmöglich. Wer liebt schon sich selbst, ohne von einem anderen Menschen geliebt zu werden? Niemand. Ja, eine Handvoll monomaner Verrückter vielleicht, die schon ein Dutzend Selbstsicherheitstrainings hinter sich haben.

Ich habe ein solches Bedürfnis nach Selbstvergessenheit, nach dem einen in meinem Leben, dem ich mich widmen kann, nach etwas, das anders ist als ich. Höher und besser.

Es tut mir leid. Ich hatte mir vorgenommen, Ihnen ohne Scheu alles ehrlich zu sagen, aber Ihnen schamlos alles zu sagen ist genauso unmöglich, wie nicht zu lügen.

Und doch komme ich mir schrecklich künstlich vor, als ob ich mich selbst erfunden und mit einem fiktiven Charakter ausgestattet hätte. Und eines Tages wird jemand kommen und etwas von mir verlangen, etwas von mir selbst. Dann wird es ans Licht kommen, daß ich davon nichts im Hause habe, nichts von mir selbst.

Montag, 22. September 1986 – 14.00 Uhr

Die Welt ist mit der Zeit so vorhersehbar geworden, immer das gleiche Lied. Vielleicht sollte ich *meine* Welt sagen, meine Welt ist vorhersehbar geworden. Ich wünschte, etwas würde mal anders verlaufen, eine Begegnung zum Beispiel, aber es läuft doch immer auf das gleiche hinaus, und daß es auf das gleiche hinausläuft, weiß ich schon nach ein paar Minuten. Ich sehne mich nach unvorhersehbaren Ereignissen, nach Momenten, deren

Handlung ich nicht schon im voraus kenne, nach Begegnungen, mit Menschen, bei denen ich nicht sofort sagen kann, wie sie ablaufen werden. Die Vorhersehbarkeit anderer macht mich kalt und gleichgültig. Dann ist es, als hätte ich keine Erfahrungen. Selbst bei Dingen, die zufällig geschehen, fühle ich mich als deren Organisator und Regisseur.

Schreibt nicht Jung irgendwo, daß man sich sein Schicksal selbst schafft? Es ist etwas, das sich in Wirklichkeit in unserem Innern abspielt, ein Konflikt. Und wenn wir uns nicht die Mühe machen zu realisieren, *daß* wir uns mit einem solchen Konflikt herumschlagen, wie dieser Konflikt aussieht, was da eigentlich miteinander kämpfen könnte, wenn wir also einfach so tun, als wenn nichts wäre, dann verlagert sich der Konflikt in die Außenwelt und nimmt dort die Form eines Schicksals an.

Was ist dann mein Schicksal?

Die immerwährenden Wiederholungen, das ist doch das Schicksal, nicht wahr?

Ich muß mich also fragen, was sich in meinem Leben ständig wiederholt, was in gleicher Form immer wiederkehrt.

Begegnungen, Männer, denke ich, immer die gleiche Geschichte, außer mit Lucas. Lucas ist ein Kapitel für sich.

Die Männer machen die Gesetze. Durch die Gesetze verbinden sie weit Auseinanderliegendes, Himmel und Erde, Seele und Körper, Sie kennen ja diese Gegensätze. Und dann lesen sie mit ihren Gesetzen in der Hand die Welt. Und dich dazu. Wenn dies, dann jenes. Wenn so, dann so. Sie lesen einen wie ein Buch. Ich habe ihnen zugehört, ich habe gehört, was sie über die Welt zu sagen hatten, über mich vor allem. Ich habe keinen dieser Männer so geliebt, wie ich Lucas liebte und noch liebe. Ich glaube nicht, daß einer dieser Männer mich geliebt hat, nicht wirklich.

Vielleicht war das auch unmöglich. Ich war nicht auf der Suche nach Liebe. Ich suchte die Gesetze.

Ich war zu verfügbar und gerade dadurch unerreichbar. Ein Joker war ich, ohne festen Platz, ohne feste Form, überall einsetzbar. Sie konnten aus mir machen, was sie wollten, ihre Herzdame, ihren Kreuzbuben. Es paßte immer.

Lucas machte mich nicht zu etwas. Bei Lucas war ich Marie, die Herzdame. Ich habe Herz ausgespielt und verloren.

Die Männer wissen viel von der Welt und wenig von sich selbst. Sie spinnen ganze Netzwerke zwischen den unterschiedlichsten Dingen, und manchmal merken sie gar nicht, daß ihr Wissen auch nur eine Art ist, sich über Wasser zu halten. Aber ich merke es. Hinter den Männern standen jeweils wieder andere Männer, und das waren die Männer, von denen sie die Gesetze gelernt hatten. Ich hörte ihnen zu und aß. Sie gaben mir immer zu essen, die Männer.

Wenn sie mir ihre Geschichte erzählt hatten, erzählte ich ihnen etwas über sie selbst, meist über ihre geheimen Sünden, um danach milder über sie zu urteilen, als sie es selbst je könnten. Ich will ein gutes Wort für die Männer einlegen. Jemand muß einem ja verzeihen, daß man bei all den Versuchen, das Richtige zu tun, fortwährend Fehler macht und Patzer. Dieser Jemand kann nur eine Frau sein. Wer würde nicht von einer Frau Vergebung erwarten?

Ich liebe Männer. Sie sind einsam.

Im Grunde wollen sie alle das gleiche: Sie möchten heilig werden, göttlich. Aber es steht dem Menschen nicht zu, göttlich zu sein. Ein Mensch ist menschlich, und das ist schon schwierig genug. Seit man Gott heruntergeholt und ihm einen Platz irgendwo im Herzen der Menschen angedichtet hat, ist alles schrecklich schiefgelaufen. Gott gehört nach oben, nach unten, überallhin, nur nicht ins Innere des Menschen. Göttlich sein zu wollen ist ein teuflisches Unterfangen. Man kann das Göttliche begehren, ihm nachstreben, und wenn man seine Sache gut macht, wird man, wenn's hochkommt, ein bißchen heilig.

Die Männer wollten, daß ich ihnen zuhörte und ihnen verzieh. Sie waren mit wenig zufrieden, und dieses Wenige konnte ich ihnen gerade noch geben.

Sie wissen, daß ich das nicht will, eine psychoanalytische Interpretation. Sie haben mir erlaubt, über sie zu schweigen, über den wirklichen Vater, die Mutter, die Brüder. Sie haben mir versprochen, mir bestimmte Worte zu ersparen, weil Sie wissen, daß ich sie für untauglich halte, um eine Geschichte zu deuten. Wir wollten sie nicht aussprechen.

Sie wissen, daß wir nur für kurze Zeit zusammensein werden. Ich bleibe nicht lang bei Ihnen. Nicht länger, als es für diese Geschichte nötig ist.

Es geht mir nicht darum zu verstehen, warum ich so

geworden bin, wie ich bin. Als ich Ihnen sagte, ich simuliere, habe ich nicht gelogen.

Solange ich mich zurückerinnern kann, will ich *es* werden. Eigentlich beginnen meine Erinnerungen erst zu dem Zeitpunkt, da ich die ersten Wörter lesen konnte. Was davor geschah, habe ich vergessen, radikal vergessen. Ich lernte lesen, ich lernte, mich in Wörtern zu erinnern, und von da an wollte ich jemand sein, von dem die Wörter ausgehen. Alles, was ich seither getan habe, hängt mit dieser Sehnsucht zusammen. Es ist seltsam, aber ich wollte sie einlösen und ihr zugleich entkommen. Ich habe sieben Jahre lang weitergelernt und mich ausschließlich mit dieser Frage beschäftigt: warum? Warum will ich es werden? Was ist das, Schreiben, Literatur? Wozu ist sie gut?

Ich kann nicht ertragen, daß es ein Schicksal sein soll. An einem Schicksal gibt es nichts mehr zu verstehen, es ist, was es ist. Ein Schicksal kann man niemals rechtfertigen. Eine Entscheidung schon.

Insgeheim hoffe ich noch immer auf Antwort, auf etwas von außen, etwas, das mich in jemanden verwandelt, der fähig ist, diese Entscheidung zu treffen, ohne zu zweifeln. Dieses Etwas, das ist die letzte Initiation. Von Ihnen erwarte ich es auch.

Aber das ist schwach und unsinnig.

Dieses Ereignis wird niemals eintreten.

Was ich Ihnen erzähle, ist nicht die Geschichte eines Werdens, sondern eher die Geschichte eines Zunichtewerdens, eines Unpersönlich-Werdens. Gibt es so etwas? Ich glaube, ich kann es nicht ertragen, ein persönliches Leben zu haben. Ich kann nicht mit dem Gedanken leben, daß Erfahrungen, Erlebnisse, Gefühle nur von mir so erlebt werden. Wenn ich etwas erlebe, dann geht das in meinen Augen über mich hinaus. Sonst könnte ich es genausogut nicht erleben, und mein Tag wäre sinnlos. Ich liebe es, alles in großen Zusammenhängen zu sehen.

Das Gesetz ist unpersönlich.

Gesetze gelten für alle, dachte ich.

Man muß sich töten, um schreiben zu können. Ich glaube, das ist es, es ist solch eine Art von Leben. Ich glaube, daß der Astrologe recht hatte und ich in der Gemeinschaft nur sein kann durch etwas anderes als ich selbst, indem ich selbst abwesend bin.

Ich hasse Paradoxe, das stimmt, ich verabscheue sie. Und doch ist es das einzige Gesetz, worauf ich wirklich stoße. Das Paradox liegt im Gesetz selbst.

Sie finden mich verkopft, abstrakt, kryptisch.

Nächstes Mal werde ich bescheidener sein und Ihnen eine ordentliche Geschichte erzählen. Es muß doch möglich sein, die Stimme in mir zum Schweigen zu bringen. Das Ende ist ein Monolog, aber der einzige Sinn des Monologs ist, sich selbst aufhören zu lassen – Ruhe, Stille, Schweigen.

Montag, 29. September 1986 – 14.00 Uhr

Das Leben war viel einfacher, als ich noch an Gott glaubte. Ich glaube noch immer an Gott, wenn Sie so wollen, aber Er ist nicht mehr das, was Er einmal war. Gott verträgt es nicht, alles mögliche zu bedeuten und der große Lückenbüßer zu werden in einem Stück, dessen Sätze sich nicht mehr reimen. Und das ist Er heute, ein Lückenbüßer für das Ungereimte. Ich weiß, daß ich das irgendwie nicht mit Ihm machen kann. Gott hat auch seinen Stolz.

Es ist schiefgegangen zwischen uns, als ich das Taschenbuch mit Monsieur Jean-Paul Sartres Vorlesungen über den Existentialismus in die Hände bekam.

Ich war fast vierzehn.

Das Dorf, wo ich geboren bin, ist schön, und die Leute dort sind katholisch. Wenn man als Katholik geboren ist, weiß man es nicht besser, wenigstens eine Zeitlang.

Es ist überhaupt nicht schlimm, katholisch zu sein. Wir hatten viele Feste und wenig Gesetze. Vom Pfarrer bekam man ein paar Regeln gesagt und lernte sie auswendig. Sie waren einfach und leicht zu behalten. Man konnte sich gar nicht vorstellen, daß diese Regeln nur für Katholiken gelten sollten, denn es war klar, daß augenblicklich das Chaos auf Erden ausbrechen würde, wenn nicht die ganze Welt sich an diese Regeln hielt.

Wer einmal Regeln im Kopf hat, kriegt sie so schnell nicht wieder heraus.

Ich hätte nicht gedacht, daß es schaden könnte.

Was soll ein Mensch auch ohne Regeln?

Die Fronleichnamsprozession war die schönste.

Dann gingen in aller Frühe die Frauen aus dem Dorf zusammen auf die Felder. Sie nahmen Schilfrohrkörbe mit. Die Blumen standen in voller Blüte.

Angeregt über Dinge redend, die Frauen in den Dörfern immer bereden, standen sie über den Boden gebeugt nebeneinander und zupften mit bloßen Händen die bunten Blütenblätter ab. Sie sammelten ihre Farbenernte in die Körbe, das Blau der Kornblumen, das Rot des Klatschmohns, das Purpur des Klees. Farn kann man nicht mit bloßen Händen ausreißen. Die Frauen, die sich um das Grün kümmerten, hatten alle eine Schere bei sich.

Ich war schon elf, als ich zum ersten Mal mit den Frauen hinaus durfte. Pflücken konnte ich zwar, das war nicht die Kunst, aber ich konnte nicht mit ihnen mitreden. Ich verstand die Dinge nicht, über die die Frauen redeten, wenn sie redeten. Die Geschichte von der Auferstehung Christi verstand ich besser.

Meist redeten sie über andere Frauen.

Ich war aufgeregt und freute mich auf die Prozession.

Ich war der Engel der Hoffnung.

Eigentlich wäre ich lieber der Engel der Liebe gewesen, aber in meiner Größe gab es nur ein grünes Kleid.

Sehr groß bin ich nie geworden.

Um zehn Uhr gingen wir ins Dorf zurück und streuten die Blütenblätter über den Asphalt. Die Straße wurde zu einem Farbenteppich. Eigentlich ein Jammer, daß jeder mit den Füßen darauf treten mußte, aber damals dachte man nicht daran. Was schön war, war auch gut.

Während wir säend über die Straßen gingen, kamen wir an den Männern vorbei, die die weiß-gelben Fahnen am Straßenrand und an den Häusern befestigten. Darin waren die anderen Frauen mit ihren Altären beschäftigt. Unter einem offenen Fenster wurden Tische stufenförmig aufgebaut und mit schneeweißen, gestärkten Tüchern bedeckt. Die Reichen hatten Damasttücher, die meisten einfach Baumwolltücher, in die sie von Hand kleine Figuren eingestickt hatten.

Auf dem Altar wurden Leuchter mit brennenden Kerzen, Vasen mit Blumen und Heiligenbilder aufgestellt. Wer den heiligen Josef am liebsten hatte, der stellte den heiligen Josef auf, und wer es mehr mit Maria, dem Herzen Jesu oder dem heiligen Franziskus hielt, der zeigte dies. So lernte man die Leute besser kennen.

Mein älterer Bruder war Ministrant, mein jüngerer war Hirte, und ich war bei den Engeln. Der Ältere ging seine eigenen Wege, er durfte in die Sakristei. Mein jüngerer Bruder und ich gingen zusammen zum Kloster, wo wir uns umziehen mußten. Er wollte eigentlich schon nicht mehr. Nicht wegen Gott. Er verkleidete sich nur nicht gern.

Die Hirten saßen unten, beim Pater. Ich mußte eine Treppe hinauf, nach oben, wo die Nonnen sich um die Engel kümmerten.

Es roch nach Bohnerwachs und Hühnerbrühe.

Wenn ich hereinkam, hatten die Nonnen mit dem Erzengel immer schon alle Hände voll zu tun. Der Erzengel mußte eine Stunde früher erscheinen als alle anderen Engel, denn es war jedes Jahr wieder ein großes Trara, die Flügel festzumachen. Einmal hatten sie sich während der Prozession gelöst und waren einem der kleineren Kinder vor die Füße gefallen, die mit dem Erzengel durch Bänder verbunden waren. Das Kind war über die Flügel gestolpert und für immer lahm geblieben.

Man könnte vom Glauben abfallen, wenn man so etwas hört.

Der Erzengel ist der schönste von allen. Er hat ein hellblaues Kleid und viele Extras. Einen Heiligenschein, Flügel und Bänder, an denen Kinder befestigt sind.

Aber um Erzengel zu werden, mußte man mindestens einen Meter siebzig groß sein, und das war ich nicht.

Ein älterer Junge aus dem Dorf ging in der Stadt zur Schule. Er gab mir das Buch und meinte dazu, ich würde es ja doch nicht verstehen.

So etwas darf man mir nicht sagen.

Ich las es nachts im Bett. Irgendwie vermutete ich einen Zusammenhang zwischen dem Unverständlichen und dem Verbotenen. Zu Recht.

Ich weiß nicht, ob ich damals noch an Gott glaubte. Ich weiß nur, daß ich danach mein Bestes tat, um nicht mehr an Ihn zu glauben.

Was ich verstand, war folgendes: Gott existiert nicht, und deshalb muß man selbst eine Entscheidung treffen und die Verantwortung dafür übernehmen.

Ich fand es ziemlich mutig von Monsieur Sartre, einfach so zu schreiben, daß Er nicht existiert.

Man kann ja nie wissen.

In jenem Jahr trat ich nicht mehr als Engel der Hoffnung auf.

Ich war Existentialistin.

Den Weg, den die Prozession nahm, kannte ich. Ich hatte entschieden, mich am Fuß der monumentalen Treppe aufzustellen. Die Straße fällt an dieser Stelle etwas ab, und die Treppe führt zur Kirche oben auf dem Odiliaberg hinauf. Hier konnte ich die Prozession schon von weitem sehen und mich an Ort und Stelle eingehend auf die Tat vorbereiten.

Es war nicht immer so.

Es gab eine Zeit, als ich ganze Vormittage in der Kirche oder drum herum zubrachte. Ich besuchte jede Messe und kümmerte mich danach um die vernachlässigten Gräber auf dem Friedhof. Zu Hause machten sie sich Sorgen wegen meines Glaubenseifers und versuchten mich mit allen möglichen Mitteln abzulenken und von der Kirche fernzuhalten.

Also ging ich noch öfter hin und blieb noch länger dort.

Auch beim Pfarrer selbst spürte ich den nötigen Widerstand. Er zog mich immer an den Haaren, wenn er auf der Treppe an mir vorüberging. »Na, Weißkopf«, zischte er dann durch die Zähne, weil ich weißes Haar hatte.

Seit ich ihn gefragt hatte, ob ich Ministrant und später Priester werden könne, so wie er, hatte ich den Eindruck, daß er mich ruppiger grüßte. Manchmal tat es weh.

Ich glaube, Mädchen waren nicht unbedingt sein Fall.

Also setzte ich mich jeden Morgen so, daß er mich vom Altar aus sehen konnte.

Man mußte schon etwas dafür tun.

In der Ferne ertönten die Klänge der Musikkapelle und danach das rhythmische Beten der Männer und Frauen. Einer betete mit lauter Stimme vor, und die anderen fielen ein. Die Klänge strömten mir entgegen. Auf einmal wurde mir weh ums Herz.

Ich habe Ihn gefragt, was mit mir los sei, und auch noch gleich um Kraft gebeten, die Tat vollbringen zu können. Danach wollte ich diese Gedanken am liebsten wegwischen, denn soviel hatte ich auch kapiert, daß es für eine Existentialistin unpassend war, Ihn noch länger zu belästigen.

Die Prozession kam näher. Der Priester ging voran mit erhobener Monstranz. Der goldene Strahlenkranz fing das helle Morgensonnenlicht und warf es funkelnd in alle Richtungen zurück. Hinter dem Priester gingen die Akolythen mit dem Standbild der Heiligen Odilia. Sie ist unsere Schutzheilige. Sie kann Blinde wieder sehend machen.

Die Stimmen der Betenden wurden lauter und lauter. Rechts und links von mir begannen die Menschen niederzuknien und den Kopf zu senken.

So gehört es sich.

Meine Hände locker vor dem Bauch zu falten, war die erste Konzession. Ich versuchte, mir ein paar Sätze aus dem Buch ins Gedächtnis zu rufen, aber mir fielen nur einzelne Wörter ein. Mensch, Freiheit, Verlassenheit, Entscheidung, Verantwortung, Taten.

Keine zehn Meter von mir entfernt funkelte die Monstranz, und die Prozession schritt voran. Rings um mich waren alle niedergekniet, ich war die einzige, die noch stand. Vielleicht fällt es gar nicht auf, dachte ich noch. Ich bin so klein.

Bevor ich die zweite Konzession machte und die Augen schloß, entdeckte ich noch das schöne Gesicht meines Großvaters, dicht hinter dem Gestell mit dem Standbild. Er gehörte zu den ältesten Einwohnern des Dorfes und hielt einen Stock, an dem eine brennende Laterne baumelte. Er hatte ein Alter erreicht, in dem er bis in die vorderste Reihe der Erleuchteten vorgedrungen war.

Ihm hätte ich die Szene gern erspart, glauben Sie mir.

Fromm, aber kerzengerade stand ich mitten unter den Knienden und wartete, bis es vorüber sein würde, bis das Murmeln verebben und die Kadenz der Gebete sich den Berg hinauf schwingen würde, weit von mir weg.

Es dauerte eine Ewigkeit.

Plötzlich standen die Geräusche still, vor mir. Ich öffnete die Augen und blickte in das wutverzerrte Gesicht des Pfarrers. Er drehte sich in voller Breite zu mir um und hob die Monstranz hoch über seinen Kopf.

»Knien«, zischte er, »knie nieder vor dem Allerheiligsten, Weißkopf!«

Ich beugte die Knie nicht, ich stürzte auf sie nieder.

Ich wollte um Vergebung bitten, glaube ich, aber ich wußte nicht mehr, wer mir Vergebung schenken sollte, Gott, mein Großvater oder Monsieur Sartre.

Montag, 6. Oktober 1986 – 14.00 Uhr

Ich gehe gleich wieder. Ich habe Ihnen nichts mehr zu sagen. Ich verabschiede mich von Ihnen. Es war gut so. Ich habe Ihrer Bitte entsprochen und die Geschichte aufgeschrieben. Da war ich einen Augenblick lang überglücklich, zum ersten Mal seit langem. Das war's dann wohl. Nun gut.

Den entscheidenden Anstoß hat nicht einmal so sehr Ihre Analyse gegeben, denn ich weiß nicht, ob ich mit Ihren Interpretationen einverstanden bin oder nicht. Es war eher das Wunder, daß Sie ihr Bedeutung beimessen konnten, der Geschichte selbst.

Die Geschichte ist für Sie, ich hab' sie unterschrieben und lasse sie hier liegen. Ich habe noch eine Kopie.

Mir ist nur kein Name für die Geschichte eingefallen. Ein Titel deckt doch nie den Inhalt.

Amsterdam, Juni 1990

Bitte beachten Sie auch die folgenden Seiten

Doris Dörrie im Diogenes Verlag

Liebe, Schmerz und das ganze verdammte Zeug

Geschichten

Vier großartige, liebevolle, traurige, grausame Geschichten: *Mitten ins Herz, Männer, Geld, Paradies.* Geschichten von befreiender Frische.

»...ohne stilistische Bedenken, theoretische Skrupel oder methodische Zweifel. Doch lesen wir sie mit einer Begeisterung wie ein belletristisches Debüt schon lange nicht mehr.« *Frankfurter Allgemeine Zeitung*

»Doris Dörrie ist eine beneidenswert phantasiebegabte Autorin, die mit ihrer unprätentiösen, aber sehr plastischen Erzählweise den Leser sofort in den Bann ihrer Geschichten schlägt, die alle so zauberhaft zwischen Alltag und Surrealismus oszillieren. Ironische Märchen der 80er Jahre – Kino im Kopf.«
Der Kurier, Wien

»Ihre Filme entstehen aus ihren Geschichten.«
Village Voice, New York

»Was wollen Sie von mir?«

und 15 andere Geschichten

Mit diesen knappen, manchmal melancholischen, manchmal sehr komischen, manchmal märchenhaften Geschichten gelingt Doris Dörrie ein kleines Panorama unserer ver-rückten Gesellschaft.

»Es ist vollkommen gleichgültig, ob Sie Doris Dörrie in der Badewanne, im Intercity-Großraumwagen, im Lehnstuhl oder in der Straßenbahn lesen, nur: Lesen Sie sie! Lassen Sie sich nicht irre machen von naserümpfenden Kritikern, diese sechzehn Short-Stories gehören durchweg in die Oberklasse dieser in

Deutschland stets stiefmütterlich behandelten Gattung.« *Deutschlandfunk, Köln*

»Vor allem freut man sich, daß Doris Dörrie den eitlen Selbstbespiegelungen der neuen deutschen Weinerlichkeit eine frische, starke und sensible Prosa entgegenstellt.« *Kölnische Rundschau*

Für immer und ewig

Eine Art Reigen

Ein überschaubarer Kreis von Personen, darunter auch das Model Antonia, im ewigen Karussell des Lebens: Man begegnet sich, verliert sich wieder aus den Augen, liebt und leidet.

»Die Dörrie ist in diesem Buch auf der Höhe ihrer Männer- und Frauencharakterstudien. Spotlight on für ihre Figuren, die sie für sich und über sich selbst sprechen läßt, ohne sie jemals zu bevormunden. Ein Buch zum Lachen und zum Weinen. Zum genießerischen Wehmütigsein und zum sinnigen Nachdenken.« *Die Welt, Bonn*

»Ein buntes Kaleidoskop von Geschichten aus dem prallen Leben.« *NDR, Hannover*

»In *Für immer und ewig* dreht sich, frei nach Arthur Schnitzler, alles um die Liebe, wie in einem Karussel begegnen sich die einzelnen Personen immer wieder in einem wilden Wirbel von Liebe, Leid, und Leidenschaft.« *Augsburger Allgemeine Zeitung*

Der Mann meiner Träume

Erzählung

Doris Dörrie erzählt die Geschichte von Antonia, die den Mann ihrer Träume tatsächlich trifft. Sie erzählt eine moderne Liebesgeschichte, eine heutige Geschichte, deren Thema so alt ist wie die Weltliteratur, eine Geschichte von der Liebe.

»Ein erzählerisches Naturtalent mit einem beneidenswerten Vermögen, unkompliziert und gekonnt zu erzählen. Der Leser beendet die Lektüre mit höchst bewußtem Bedauern darüber, daß er diese kurzweilige, unprätentiöse Erzählung schon hinter sich hat.«
Frankfurter Allgemeine Zeitung

»Doris Dörrie ist als Erzählerin Spezialistin in diffizilen Angelegenheiten der kleinen Rache und gezielten Ohrfeigen zum Zwecke der Unterstützung des eigenen Selbstwertgefühles. Sie ist eine sehr gute Kurzgeschichten-Schreiberin mit der erforderlichen Prise Selbstironie und mit stilistischer Eleganz.«
Die Zeit, Hamburg

Love in Germany

Deutsche Paare im Gespräch
mit Doris Dörrie

»Die Münchner Filmregisseurin Doris Dörrie hat die *Love in Germany* erkundet – in 13 anrührenden und saukomischen Interviews mit deutschen Paaren zwischen Mittelmaß und Beziehungswahn. Ganz normale Leute, aber alle sind mit ihren Ramponiertheiten und unverwüstlichen Liebesträumen Persönlichkeiten. Aufschlußreicher als jede Statistik.«
stern, Hamburg

»Mich hat das Komische im Tragischen immer schon am meisten interessiert.« *Doris Dörrie*

»Wer noch im glücklichen Besitz von Illusionen ist und sich diese zu erhalten wünscht, sollte einen großen Bogen um das schmale Büchlein machen. Wer hingegen immer schon den Verdacht hatte, daß alles nicht so einfach ist, der ist bei Doris Dörrie bestens aufgehoben.« *Ira Panic/Hamburger Morgenpost*

Banana Yoshimoto
Kitchen

Aus dem Japanischen von
Wolfgang E. Schlecht. Mit einem
Essay von Giorgio Amitrano

Banana Yoshimotos Erfolg ist kein Geheimnis. Eine ganze Generation kann sich mit diesem Buch identifizieren, dessen Schauplatz zwar Tokyo ist, das aber auf der ganzen Welt spielen könnte. Es packt alle jungen Leute, die der Großstadt verfallen sind und zugleich mit ihrer Anonymität kämpfen. Es handelt von film- und fernsehbesessenen Jugendlichen, die sich im Slang der Comics ausdrücken. Von jungen Menschen, die lebenshungrig und zugleich voller unbestimmter Ängste sind.

»Eine junge, wilde und gewichtige Stimme aus Japan: Banana Yoshimoto hat mit ihrem Erstling, *Kitchen*, Japan im Sturm genommen und setzt nun zur Eroberung der übrigen Welt an.« *Annabelle, Zürch*

»*Das Phänomen Banana* schließt eine Lücke in der japanischen Literatur, die seit den siebziger Jahren klaffte. In Yoshimotos Figuren finden sich Japans Teenager endlich wieder – als verwirrte Motten, die zwischen den Abgründen des Lebens flattern.«
Der Spiegel, Hamburg

»Die Qualität eines neuen Schreibens, einer an zeitgenössischer Lebenswirklichkeit geschärften literarischen Wahrnehmung läßt sich hier entdecken. Eine amüsante, kurzweilige Einführung in die von Nostalgie und Sentiment getränkte Welt des jungen Japan.«
Frankfurter Allgemeine Zeitung

»Seit Salingers *Fänger im Roggen* hat niemand mehr die Initiationsriten des Erwachsenwerdens so eindringlich beschrieben wie Banana Yoshimoto.«
Der Tagesspiegel, Berlin

Susanna Tamaro
Love

Fünf Erzählungen
Aus dem Italienischen von Maja Pflug

Ein Buch über die Liebe – und über den Mangel daran. Lieblosigkeit und Leid, ja Gewalt spürt die Autorin dort auf, wo man im allgemeinen nur von Zuneigung spricht, etwa in den Gefühlen der Eltern für ihr Kind. Einzigartig schlicht und direkt bringt sie Wahrheiten über den Umgang von Menschen mit Menschen ans Licht, über die nur zu gerne geschwiegen wird.

»Susanna Tamaro hat keinen ausgeprägt feministischen Tonfall in die italienische Literatur eingebracht, aber doch einen ausgeprägt weiblichen, der die traditionellen Geschlechtsbotschaften verkündet: das Opfer, die Ohnmacht, die Schwäche. Sie verkörpern sich in Figuren, die sehr gut von innen heraus beschrieben sind. Tamaro baut sie in sehr geschickten Spannungsbögen auf, sie steigert das Schmerzliche meist ins Unerträgliche.«
Süddeutsche Zeitung, München

»Der Triesterin Susanna Tamaro ist genau das gelungen, was Hunderte erfolglos versuchen, nämlich ein Buch über die Trauer zu schreiben, das ohne Klischees auskommt und auf Anklage sowie wehleidige Selbstbespiegelung verzichtet.« *Tages-Anzeiger, Zürich*

»Susanna Tamaros Kurzgeschichten gehen unter die Haut. Sie führt Buch über Kindsmißhandlung, Quälereien und zerbrochene Hoffnungen, in einer scheinbar unbetroffen-naiven Sprache, die den Aufprall der kindlichen Vorstellungen mit einer monströsen Erwachsenenwelt um so sichtbarer macht.« *Annabelle, Zürich*

Thomas Strittmatter

Raabe Baikal

Roman

»Mit Irvingscher Fabulierlust erzählt Strittmatter die grotesken und dennoch in einer durchaus realen Welt angesiedelten Erlebnisse des Raaben Baikal. Sei es im Internat mit weiteren schrägen Vögeln, in der Lehre beim wortkargen, wodkasaufenden Steinmetz oder auf seiner modernen Odyssee in die feindliche Stadt, Raabe hat immer wieder das unverschämte Glück, dem bösen Schicksal einen kleinen Schritt vorauszusein.« *Annabelle, Zürich*

»Strittmatter hat einen Debütroman geschrieben, in dem sich auf eigenwillige Weise realistisches Erzählen mit phantastischen und skurrilen Elementen verbindet.« *Der Spiegel, Hamburg*

»Ein schreibender Jim Jarmusch.« *Basta, Wien*

»Ein fesselnder und kraftvoller Roman, in einer vitalen, bildreichen Sprache geschrieben. In seinen exzentrischen Beschreibungen zeigen sich eine große Fabulierkunst und Erzählkraft.« *Deutsche Welle, Köln*

»Ein zeitgenössischer, zeitüberschreitender Roman.«
Stuttgarter Zeitung

»Es ist ein so eigenwilliges, schockierend-realistisches und zugleich phantastisches Prosastück, daß einem beinahe die Spucke wegbleibt.« *tz, München*

»Strittmatter besitzt eine geradezu berauschende Fähigkeit zum sinnlichen Erzählen.«
Kölnische Rundschau

»Extrem lesenswert.«
Harry Rowohlt/Die Zeit, Hamburg

Harold Brodkey

Erste Liebe
und andere Sorgen

Erzählungen. Aus dem Amerikanischen
von Elisabeth Gilbert

»Brodkey sammelt Stimmungen und Erinnerungen, auf der Suche nach der verlorenen Zeit, doch anders als Proust, der noch einmal ein geschlossenes Epochengewölbe beschwören konnte, kann Brodkey nur Trümmerfelder mustern, Bruchstücke einer amerikanischen Kindheit und Jugend bergen, in einer Prosa, die geborsten ist unter den Keulenschlägen der modernen Welterfahrung – Joyce viel näher als Proust. – Brodkey kann die gestochenste und gleichzeitig sinnlichste Prosa der amerikanischen Literatur schreiben.«
Matthias Matussek / Der Spiegel, Hamburg

»Ein genialer amerikanischer Autor, der die ungeheure Wucht des Schreckens zu intensivieren weiß, indem er jede Spur von Sentimentalität aus seinen Texten behutsam herausdestilliert. Darin liegen seine wahrhaft ›klassischen‹ Qualitäten.«
Thomas Linden / Kölnische Rundschau

»Brodkey ist ein Archäologe. Seine Grabungen dienen dazu, psychische Ablagerungen zu untersuchen. Seine Fundstücke schillern. Mißverständnisse, falsche Erwartungen, kurz, das normale Leben ist sein Spezialgebiet.«
Verena Auffermann / Süddeutsche Zeitung, München